PUSTERTAL

Eugen E. Hüsler und Manfred Kostner

KOMPASS Wanderführer

Eugen E. Hüsler

geboren 1944 in Zürich, lebt seit 1983 in Oberbayern; Publikation zahlreicher Reise- und Wanderführer, vor allem über die Schweiz und alpine Regionen. Kein Extremer, aber ein unermüdlicher »Erforscher« der Alpen mit einem ausgeprägten Hang zu abgelegenen Winkeln, einsamen Wegen und »eisenhaltigen« Routen. Hat bis heute etwa 60 Bücher veröffentlicht, darunter einige Standardwerke. Weitere KOMPASS-Wanderführer des Autors: 957 Brentagruppe, 990 Dolomiten-Abteital, 980 Dolomiten-Cortina d'Ampezzo, 992 Dolomiten-Sexten-Hochpustertal sowie 922 Tegernsee/ Schliersee.

Manfred Kostner

lebt in Percha bei Bruneck, wo er 1970 auch geboren wurde. Er ist verheiratet und arbeitet als Lagerkoordinator in einem Großbetrieb. Seinen ersten Gipfel bestieg er mit 14 Jahren; seither ist Bergsteigen seine große Leidenschaft. Dabei fotografiert Manfred Kostner auch gerne; viele seiner Bilder wurden in Alpinmagazinen und Büchern veröffentlicht. Er war Mitarbeiter bei den KOMPASS-Wanderführern 957 »Brentagruppe« und 992 »Dolomiten-Sexten-Hochpustertal«.

1. Auflage 2008 · ISBN 978-3-85491-408-3 · Verlagsnummer 955

Text und Fotografie: Eugen E. Hüsler und Manfred Kostner
Lektorat: Karin Straßer

Titelbild: Blick vom Speikboden auf Durreck- und Rieserfernergruppe.
Bild Seite 1: Blick von der Riepenscharte über das Antholzer Tal in die Dolomiten
Bild Seite 3: Die Rieserfernergruppe über dem Mühlbachtal, Bild S. 5: Am Westgrat des Piz da Peres; rechts der grüne Kronplatz.

Grafische Herstellung: wt-BuchTeam
Wanderkartenausschnitte: © KOMPASS-Karten GmbH
Höhenprofile: wt-BuchTeam

Alle Angaben und Routenbeschreibungen wurden nach bestem Wissen gemäß unserer derzeitigen Informationslage gemacht. Die Wanderungen wurden sehr sorgfältig ausgewählt und beschrieben, Schwierigkeiten werden im Text kurz angegeben. Es können jedoch Änderungen an Wegen und im aktuellen Naturzustand eintreten. Wanderer und alle Kartenbenützer müssen darauf achten, dass aufgrund ständiger Veränderungen die Wegzustände bezüglich Begehbarkeit sich nicht mit den Angaben in der Karte decken müssen. Bei der großen Fülle des bearbeiteten Materials sind daher vereinzelte Fehler und Unstimmigkeiten nicht vermeidbar. Die Verwendung dieses Führers erfolgt ausschließlich auf eigenes Risiko und auf eigene Gefahr, somit eigenverantwortlich. Eine Haftung für etwaige Unfälle oder Schäden jeder Art wird daher nicht übernommen. Für Berichtigungen und Verbesserungsvorschläge ist die Redaktion stets dankbar.
Korrekturhinweise bitte an folgende Anschrift:

Walter Theil, Irmengardstraße 9, 84518 Garching/Alz (Deutschland)
Telefon 0049-(0)8634/68 98 03 · Fax 0049-(0)8634/68 98 04
E-mail: info@wt-buchteam.de · www.wt-buchteam.de
oder an
KOMPASS-Karten GmbH, Kaplanstraße 2, 6063 Rum/Innsbruck (Österreich)
Telefon 0043-(0)512/26 55 61-0 · Fax 0043-(0)512/26 55 61-8
E-mail: kompass@kompass.at · www.kompass.at

Vorwort

Oft sind es ja Kontraste, die eine Landschaft besonders reizvoll erscheinen lassen: hier sanft geformt, dort felsigschroff. Das gilt in besonderem Maß fürs Pustertal, diese markante Alpenlängsfurche, die als breitwaldige Mulde zwei ganz unterschiedliche Regionen trennt: die aus Gneisen und Granit aufgebauten Bergketten der Zillertaler Alpen, der Pfunderer Berge und der Rieserfernergruppe und die Kalkzacken der Dolomiten. Mittendrin liegt Bruneck, und sein Hausberg, der Kronplatz, bietet den schönsten »ersten Blick« auf die gesamte Region, von der Wasserscheide des Toblacher Feldes bis hinunter zur Mühlbacher Klause, hinein und hinauf bis zum Zillertaler Hauptkamm und in weitem Bogen über die Wunderwelt der »Bleichen Berge«.

Was für ein Wanderrevier, das von den grünen Fluren des Pustertals hinaufreicht bis ins Vorfeld der Gletscher, bis zu den Dolomitenzinnen! Da gibt's große Passwanderungen rund ums Ahrntal und in den Pfunderer Bergen, Gipfeltouren und Höhenwege in den Pragser und Sextener Dolomiten; wer's gemütlicher mag, unternimmt einen Hüttenbummel und erfreut sich bei einer Marende an den Schönheiten der Natur.

Wer das Pustertal und seine Berge wirklich kennen lernen will, muss sich zu Fuß aufmachen und die Natur erwandern, Schritt um Schritt. Viel Spaß wünschen Ihnen dabei

Eugen E. Hüsler und Manfred Kostner

INHALT

Dürrenstein vom Sarlriedl.

Das Pustertal

»Wer das erste Mal in das Pustertal kommt, dem fällt eines auf: der Wald. Der große, urtümliche Wald, der alle Bergflanken bis hoch hinauf bedeckt und nur ein paar Bauernhöfen da und dort Platz macht...«
Das schrieb Paul Tschurtschenthaler vor siebzig Jahren, und diesen Eindruck gewinnt auch der Reisende unserer Tage. Nicht zufällig wird diese mächtige Alpenlängsfurche oft als »grünes Tal« bezeichnet. Es setzt sich – eine geographische Kuriosität, die aus der Historie zu erklären ist – über die Wasserscheide am Toblacher Feld (1212 m) ins Osttirol fort, wird also gleichzeitig über die Rienz in die Adria und über die Drau ins Schwarze Meer entwässert. Die Quellbäche beider Flüsse liegen im Norden und im Süden, sie entspringen am Alpenhauptkamm und in den Dolomiten.

Geographie, Geologie

Zillertaler Alpen, Pfunderer Berge und Rieserfernergruppe auf der einen, die Dolomiten auf der anderen Seite flankieren das Pustertal, bilden zwei ganz unterschiedliche Gebirgsräume, zusammen mit dem Haupttal einen Südtiroler Landstrich von einzigartiger Vielfalt. »Schuld« daran sind die geologischen Verhältnisse:
Das Pustertal bildet – grob gesehen – die Grenze zwischen Zentral- und Südalpen. Das äußert sich in den ganz unterschiedlichen Formen und Farben der dominierenden Gesteine. Nördlich der Rienz sind das Gneise, Granit und Schiefer, südlich davon ist es vor allem Dolomit, also Kalkgestein, das zu bizarren Formen verwittert.

Während die Rieserfernergruppe und der Zillertaler Hauptkamm für die Zentralalpen typische hohe, oft zersplitterte Grate bilden, zeigen die Dolomiten ein ganz anderes Bild: senkrechte Wände, bizarre Türme, dazwischen oft Karstplateaus, auch Hochalmen. Am schönsten lassen sich diese Kontraste vom Gipfel des Kronplatzes aus beobachten; da zeigt sich fast auf einen Blick die ganze Vielfalt dieser Alpenregion, vom Zentralkamm der Zillertaler Alpen mit seinen firnbedeckten Dreitausendern bis tief hinein ins Reich der »Bleichen Berge«.
Das Pustertal, eine Landschaft mit vielen Gesichtern. Die höchsten, durchwegs vergletscherten Gipfel stehen im Norden (Hochfeiler, 3510 m; Hochgall, 3436 m), die berühmtesten Zacken im Südosten in den Sextener Dolomiten.

Drei Zinnen

In ihren Wänden wurde Alpingeschichte geschrieben, ihr Profil ist in der ganzen Welt bekannt - einzigartig, unvergleichlich. Erstbestiegen wurden die Zinnen in der zweiten Hälfte des 19. Jahrhunderts, alle drei von Mitgliedern der aus Sexten stammenden Bergführerdynastie Innerkofler: 1869 stand Franz Innerkofler mit Paul Grohmann und Peter Salcher auf der Großen Zinne (2999 m), zehn Jahre später bestiegen Michael Innerkofler und Georg Ploner die Westliche Zinne (2973 m) – nur die Kleine Zinne (2857 m) widerstand noch. Auch der Innerkofler hatte seine Zweifel («Ja, wenn'st Fügel hätt'st!«), doch er räumte sie auch gleich weg: 1881 fand der »Michl«, begleitet von seinem Bruder Johann, einen Weg zum Gipfel.
Ein halbes Jahrhundert später rückten dann die Nordwände ins Zentrum des alpinistischen Interesses; 1933 gelang Emilio Comici zusammen mit den Brüdern Angelo und Giuseppe Dimai das scheinbar Unmögliche. Ihre Route durch die Nordwand der Großen Zinne wird mit dem Schwierigkeitsgrad VI bewertet, der lange Zeit als Maß aller (bergsteigerischen) Dinge galt.
Mittlerweile sind die besten Kletterprofis in ganz andere Dimensionen vorgestoßen: Alexander Hubers Route »Bellavista« (2002) verläuft über das Riesendach der Westlichen Zinne: Schwierigkeitsgrad XI!

Geschichtliches

Das Pustertal ist uralter Kulturboden, wie verschiedene Funde, vor allem aus der weiteren Umgebung Brunecks, belegen. Ein Steinbeil, im unteren Antholzer Tal entdeckt, wird von der Wissenschaft in die Jungsteinzeit datiert; reiches prähistorisches Material lieferte der Sonnenburger Hügel bei St. Lorenzen. In der Römerzeit führte eine Straße durchs Tal, von Aguntum (Lienz) zum Brenner; bei St. Lorenzen bestand ein Militärlager (Sebatum). Später siedelten im Pustertal slawische Stämme; sie mussten nach langen Kämpfen den vorstoßenden Baju-

Wasserspeier auf der Roßalm.

waren weichen. Um die Kolonisierung (und Christianisierung) zu festigen, gründete Herzog Tassilo III. 769 in Innichen eine Benediktinerabtei. An die Zeit der Slawen erinnern heute die so genannten Heuharfen, hohe Holzgestelle, an denen Gras und Getreide zum Trocknen aufgehängt wird.

Mitte des 13. Jahrhunderts wurde die Stadt Bruneck gegründet; heute das wirtschaftliche Zentrum des Pustertals. Sie erlebte in ihrer Geschichte, wie auch das gesamte Tal, immer wieder Rückschläge, wurde wiederholt in kriegerische Auseinandersetzungen verwickelt, so beim Streit zwischen Herzog Sigismund und dem Brixner Kardinal Nikolaus Cusanus (15. Jh.) und während des Tiroler Freiheitskampfes (1809). Im 19. Jahrhundert brachte der aufkommende Tourismus dem Tal eine Zeit der wirtschaftlichen Blüte; 1871 wurde die Bahnlinie Franzensfeste (Brennerstrecke) – Lienz – Villach eröffnet. So konnte die Hautevolée bequem im Salonwagen ins Grand-Hôtel Toblach reisen. Zu den Gästen des Hauses zählten König August von Sachsen, König Albert I. von Belgien, König Milan I. von Serbien und die Barone Rothschild.

Mit dem Ausbruch des Ersten Weltkriegs endete diese Epoche abrupt.

Fakten, Zahlen

Lage: Die Südtiroler Region Pustertal erstreckt sich vom Zillertaler Hauptkamm bis zu den Dolomiten, von der Mühlbacher Klause im Westen über die Wasserscheide am Toblacher Feld bis zur österreichischen Grenze vor Sillian.

Gebirgsgruppen: Pfunderer Berge, Zillertaler Alpen, Durreckgruppe, Rieserfernergruppe, Villgratner Berge, Pragser Dolomiten, Fanesmassiv, Sextener Dolomiten, Karnischer Hauptkamm.

Fläche: ca. 2800 Quadratkilometer.

Höchster Punkt: Hochfeiler (3510 m).

Tiefster Punkt: Rienz bei Mühlbach (695 m).

Bekannteste Gipfel: Hochfeiler (3510 m), Großer Löffler (3378 m), Dreiherrnspitze (3499 m), Hochgall (3436 m), Kronplatz (2273 m), Drei Zinnen (2999 m), Zwölferkofel (3094 m), Helm (2434 m).

Wichtigste Ortschaften: Bruneck, Sand in Taufers, Olang, Welsberg, Toblach, Innichen, Sexten.

Krieg in den Bergen

Wer heute wandernd in den Sextener Dolomiten unterwegs ist, kann – auch mehr als drei Generationen nach Kriegsende – die Spuren des »Grande Guerra« nicht übersehen. Die Front verlief 1915 – 1917 südlich des Pustertals quer durch die Dolomiten, über Täler und Gipfel, im östlichsten Abschnitt vom schwer umkämpften Monte Piana (heute Freilichtmuseum) zu den Drei Zinnen und über den Elferkofel zum Karnischen Hauptkamm. Allenthalben stößt man noch auf Relikte dieser schrecklichen Zeit, Schützengräben, Stollen, Kavernen, verfallene Unterkünfte. Und mancher der heute säuberlich markierten Wanderwege entstand damals, führte vielleicht direkt an die Front, wo sich Kaiserjäger und Alpini gegenüberstanden. Auch der berühmte »Alpinisteig« am Elferkofel hat unheilige Väter, und am Plateauberg Monte Piana haben die Dolomitenfreunde im ehemaligen Frontgelände ein großes Freilichtmuseum angelegt.

Blumenwelt
Große Berge – kleine Sehenswürdigkeiten. Ob all der alpinen Pracht rundum dürfen die kleinen Farbtupfer links und rechts des Weges nicht übersehen werden: Blumen. Da blüht es von Juni bis August so üppig wie artenreich, vor allem in den Dolomiten. In lichten Wäldern stehen Türkenbund und Feuerlilie; aus winzigen Felsspalten wächst die seltene Schopf-Teufelskralle, auf den Almwiesen duftet das Kohlröschen. Und dass die weißen, pelzigen Sterne der Edelweiß in der Natur weit schöner anzuschauen sind als am Tirolerhut, dürfte sich inzwischen auch fern der Alpen im flachen Land herumgesprochen haben. Grundsätzlich gilt (und nicht nur in Schutzgebieten!): anschauen, sich freuen, vielleicht auch fotografieren – aber bitte nicht pflücken!

Naturparks

Im Bereich des Pustertals und seiner Berge gibt es drei große Naturparks, daneben auch einige kleine Schutzzonen wie beispielsweise das Biotop »Rasner Möser« im Antholzer Tal. Von den drei Parks liegt einer im Norden (Rieserferner – Ahrn), zwei befinden sich in den Dolomiten (Sextener Dolomiten, Fanes – Sennes – Prags).
Innerhalb des Parkareals (gesamt etwa 450 km²) gelten besondere Schutzbestimmungen. Unter anderem verboten sind das wilde Campen, das Pflücken von Pflanzen und das Pilzesammeln.
In den örtlichen Tourismusbüros liegen Broschüren auf, die über alle Aspekte des Parks informieren (Geologie, Flora, Fauna). Im Sommer werden geführte Parkwanderungen angeboten.

Wohin des Weges?

Die wichtigsten Ferienorte

Bruneck (835 m),
um 1250 gegründet und wenig später als Bruneke erstmals in einer Urkunde genannt, ist heute wirtschaftlicher und politischer Mittelpunkt des Pustertals. Der historische Kern mit der malerischen (und autofreien) Stadtgasse schmiegt sich an den Schlosshügel, die neueren Quartiere greifen hinaus in die Talweitung an der Mündung der Ahr in die Rienz. Wahrzeichen des Städtchen ist der von einer doppelten Zwiebelhaube abgeschlossene Turm der Rainkirche; die neugotische Pfarrkirche bewahrt ein Holzkruzifix aus der Pacher-Schule. Der Maler und Bildhauer Michael Pacher (um 1435–1498) wurde in Bruneck geboren; er schuf u. a. die herrlichen Flügelaltäre von Bozen-Gries und St. Wolfgang.
Ganz dem bäuerlichen Leben vergangener Jahrhunderte gewidmet ist das Landesmuseum für Volkskunde in Dietenheim; hier sind alte Bauten aus verschiedenen Regionen Südtirols aufgebaut, wird altes Handwerk demonstriert. Geöffnet Ende März bis Ende Oktober jeweils Dienstag bis Samstag 9.30–17.30 Uhr, Sonn- und Feiertage 14–18 Uhr.

Sand in Taufers (867 m)
gilt als touristisches Zentrum des Tauferer und Ahrntals. Wahrzeichen des Fleckens ist sein Schloss, eine mächtige, wehrhafte Anlage, die im Kern auf das 13. Jahrhundert zurückgeht, in spätgotischer Zeit stark um- und ausgebaut wurde. Einige Räumlichkeiten besitzen noch ihre Originalausstattung (Bibliothek, Gerichtssaal); die Apsisfresken der Burgkapelle werden dem Brunecker Michael Pacher zugeschrieben (Führungen). Südlich vor dem Ort, auf halbem Weg nach Mühlen, steht die Pfarrkirche, ein gutes Beispiel der Pustertaler Spätgotik, 1527 vollendet.

Olang (1024 m)
Aus mehreren Ortsteilen bestehende Gemeinde in schöner Lage

Tirtlen – eine Pustertaler Spezialität

Zutaten für den Teig: 250 g Roggenmehl, 250 g Weizenmehl, 1 Esslöffel Öl, 2 Eier, etwas Milch
Zutaten für die Füllung: 200 g Topfen, 100 g Kartoffeln gekocht und geraspelt, 2 Esslöffel Schnittlauch, 40 g Zwiebel fein gehackt, Salz
Zubereitung: Aus den Zutaten einen geschmeidigen Teig kneten, dann ½ Stunde ruhen lassen. Für die Füllung gehackte Zwiebel in Butter dünsten und erkalten lassen. Mit restlichen Zutaten vermischen und nach Geschmack salzen. Aus dem Teig eine Rolle (Durchmesser 5 cm) formen und in Scheiben schneiden. Mit dem Nudelholz die Scheiben handtellergroß austreiben, Füllung darauf geben, mit einem zweiten Blatt zudecken und Ränder fest andrücken. In heißem Fett schwimmend backen.

Einen guten Appetit wünscht Mama Kostner!

Schloss Bruneck.

vor der Mündung des Antholzer Tals, südlich überragt von den Felsgraten der Pragser Dolomiten. Touristisch orientiert sich Olang ganz zum Kronplatz (2273 m), mit dessen Skirevier es über mehrere Seilbahnen verbunden ist.

Welsberg (1087 m)
liegt unmittelbar an der Mündung des Gsieser Tals. Überragt wird der stattliche, seit einigen Jahren vom Durchgangsverkehr befreite Flecken von der Ruine der 1765 niedergebrannten Burg Welsperg. Aus Welsberg stammt der berühmte Barockmaler Paul Troger (1698–1762), der u.a. die monumentalen Freskenzyklen in Melk, Göttweig und Altenburg schuf; die barocke Pfarrkirche bewahrt drei Altarbilder des Künstlers.

Niederdorf (1157 m)
ist eine traditionelle Sommerfrische. Urkundlich 994 erstmals genannt, entwickelte sich der Flecken bald zu einer wichtigen Rast- und Zollstätte am Weg nach Venedig. Eine legendäre Gestalt aus der Frühzeit des Dolomitentourismus ist Frau Emma, eigentlich Emma Hellenstainer (1817–1904), die den »Schwarzen Adler« (heute Hotel »Emma«) zu einem weit über die Landesgrenzen hinaus bekannten Haus machte. Einer verbürgten Anekdote zufolge er-

Wichtige Tourismusbüros

Vorwahl Italien: 0039

Kronplatz
Tourismusverband Ferienregion Kronplatz, Michael-Pacher-Straße 11A, I-39031 Bruneck; Tel. 0474/555 447, Fax 530 018, info@kronplatz.com, www.kronplatz.com

Bruneck
Tourismusverein, Rathausplatz 7, I-39031 Bruneck; Tel. 0474/555 722, Fax 555 544, info@bruneck.com, www.bruneck.com

Tauferer Ahrntal
Ferienregion Tauferer Ahrntal, Ahrnerstraße 95, I-39030 Steinhaus;
Tel. 0474/652 081, Fax 652 082, tauferer@ahrntal.com, www.ahrntal.com

Sand in Taufers
Tourismusverein Sand in Taufers, Josef-Jungmann-Straße 8, I-39032 Sand in Taufers; Tel. 0474/678 076, Fax 678 922, info@taufers.com, www.sand-in-taufers.com

Hochpustertal
Tourismusverband Hochpustertal, Pflegplatz 1, I-39038 Innichen; Tel. 0474/913 156, Fax 914 361, info@hochpustertal.info, www.hochpustertal.info

Niederdorf
Tourismusverein Niederdorf, Von-Kurz-Platz 5, I-39039 Niederdorf;
Tel. 0474/745 136, Fax 745 283, info@niederdorf.it, www.niederdorf.it

Toblach
Tourismusverein Toblach, Dolomitenstraße 3, I-39034 Toblach; Tel. 0474/972 132, Fax 972 730, info@toblach.info, www.toblach.info

Innichen
Tourismusverein Innichen, Dolomitenstraße, Pflegplatz 1, I-39038 Innichen; Tel. 0474/913 149, Fax 913 677, info@innichen.it, www.innichen.it

Sexten
Tourismusverein Sexten, Dolomitenstraße 45, I-39030 Sexten, Tel. 0474/710 310, Fax 710 318, info@sexten.it, www.sexten.it

reicht ein Brief aus dem fernen Amerika, adressiert an »Frau Emma, Europa« anstandslos die für ihre Kochkünste berühmte Wirtin. Mehr Interessantes zur Entwicklung des Tourismus präsentiert das Fremdenverkehrsmuseum Hochpustertal, das im Haus Wassermann eingerichtet ist (geöffnet Mai und Juni Freitag und Sonntag 16–19 Uhr, Samstag 9–12, 16–19 Uhr; Juli bis September Dienstag bis Sonntag 16–19 Uhr).

Toblach (1241 m)
ist das klassische Nordtor zu den Dolomiten, bietet Aussicht auf die Nordfront der Sextener Berge und durchs Höhlensteintal bis zum Cristallo. Der historische Ortskern mit der sehenswerten Barockkirche (1769) und einigen herrschaftlichen Häusern liegt an der Mündung des Silvestertals.
Erst nach dem Bau der Pustertaler Bahnlinie (1871) entwickelte sich dann Neu-Toblach mit dem Grand Hôtel als zweites Siedlungszentrum. In dem riesigen Komplex sind heute ein Kongresszentrum und das Naturpark-Informationszentrum eingerichtet (mit wechselnden Ausstellungen).
Wer sich mehr fürs leibliche Wohl interessiert, kann in der neuen Schaukäserei zugucken, wie aus feinen Alpenkräutern (die das liebe Vieh im Sommer auf den Almen frisst) letztlich ein feiner Bergkäse wird (geöffnet Dienstag bis Samstag 8–18 Uhr, Sonntag 10–17 Uhr).
Wenn das nicht hungrig macht...

Innichen (1174 m)
Kulturelles Zentrum des obersten Pustertals, das sich aus dem 769 von Tassilo III. von Bayern gegründeten Benediktinerklosters entwickelte. Die Gegend dürfte allerdings bereits in prähistorischer Zeit besiedelt gewesen sein; unklar ist, ob das römische Littamum in der Nähe des heutigen Innichen lag. An die slawische Geschichte des Pustertals, die mit der Kolonisierung durch die Bajuwaren im 8. Jahrhundert zu Ende ging, erinnern da und dort große hölzerne Gestelle auf den Feldern, die dem Trocknen des Grases dienten (Heuharfen).
Hauptsehenswürdigkeit des Städtchens ist seine Stiftskirche, ein im Wesentlichen romanisches Bauwerk von weit überregionaler Bedeutung, errichtet im 13./14. Jh. Bei der Krypta (die erst anlässlich der Restauration 1970 wieder freigelegt wurde) handelt es sich wohl um die Überreste einer Kirche, die um 1200 einem Brand zum Opfer fiel. Das Bogenfeld des südseitigen Venezianer Tors schmückt ein Fresko der Stiftsheiligen, möglicherweise von Michael Pacher (um 1480); im Altarraum ist eine sehenswerte spätromanische Kreuzigungsgruppe (Mitte 13. Jh.) aufgestellt.
Das Museum des Stifts Innichen (Attostraße 3) präsentiert sakrale Kunstwerke aus dem Domschatz (geöffnet Anfang Juni bis Mitte Juli, Anfang September bis Mitte Oktober Donnerstag bis Samstag 17–19 Uhr, Sonntag 10–11 Uhr; Mitte Juli bis Ende August Dienstag bis Samstag 10–11 Uhr, Dienstag auch 20–22 Uhr). Interessanter für Natur- und Bergfreunde dürfte das originelle (Freiluft-)Museum Dolomythos in der Villa Wachtler sein, das die Dolomiten als Natur- und Kulturraum zeigt; am Eingang können Gipfelstürmer mit einem Modell der Drei Zinnen posieren (ganzjährig geöffnet Mittwoch und Freitag 10–12, 15–18 Uhr; Anfang Juni bis Anfang Oktober Montag bis Samstag 10–12, 15–19 Uhr, Mitte Juli bis Mitte September auch sonntags).

Sexten (1316 m),
aus mehreren Ortsteilen bestehend, breitet sich vor der Mün-

Altöttinger- und Heilig-Grab-Kapelle in Innichen.

Wuchtiger Felsklotz: Zwölfer, von der Büllelejochhütte aus gesehen.

dung des Fischleintals aus, über dem die Zeiger der berühmten steinernen Sonnenuhr aufragen: Neuner (2582 m), Rotwand (Zehner, 2965 m), Elfer (3092 m), Zwölfer (3094 m), Einser (2698 m). Der Flecken wurde im Ersten Weltkrieg durch Artilleriebeschuss teilweise zerstört. Mittelpunkt ist Sexten-St. Veit mit der Pfarrkirche von 1826; Aufgang und Arkaden des Friedhofs (Grab des berühmten Bergführers Sepp Innerkofler) sind mit Fresken von Rudolf Stolz (1874–1960) geschmückt; das Rudolf-Stolz-Museum zeigt Arbeiten des aus Bozen stammenden Künstlers (geöffnet Mitte Juni bis Mitte Juli und September Mittwoch und Freitag 16.30–18.30 Uhr, Sonntag 10–12 Uhr, Mitte Juli bis Anfang September Dienstag und Donnerstag 16.30–18.30 Uhr, Sonntag 10–12 Uhr).

Am Mitterberg über Sexten stehen noch zahlreiche alte Bauernhöfe, darunter der Tschurtschenthaler (Gasthaus); der zum Helm ansteigende Hang mit seinen Lärchenhainen bietet herrliche freie Sicht auf die Sextener Gipfel (und mehrere Einkehrmöglichkeiten).

Hütten – Almen – Gasthöfe

Hütte/Gasthaus	Höhe (m)	Tel.	Zugang/Zufahrt	Tour
Astner Bergalm	1641		Terenten	5
Barmer	2591	+43(0)664/9489413	Antholzer See	29
Bonner Hütte	2307	340/942 82 64	Kandellen	39
Brixner Hütte	2290	0472/547 131	Fanealm	1
Büllelejoch	2528	337/451 517	Fischleinboden	49
Chemnitzer Hütte	2420	0474/653 244	Neves-Stausee	18
Coltrondo	1879	340/4914 101	Kreuzbergpass	45
Dreischuster	1626	0474/966 610	Innerfeldtal	50
Drei Zinnen	2405	0474/972 002	Fischleinboden	49
Edelrautehütte	2545	0474/653 230	Neves-Stausee	3, 18
Fanealm	1739	0472/547 130	Straße ab Vals	1
Gögealm	2027	349/238 89 79	Weißenbach	24
Gönneralm	1975		Oberwielenbach	13
Grünwaldalm	1590		Pragser Wildsee	33, 35
Hahnspielhütte	2150	340/233 45 46	Helm-Seilbahn	43, 44
Hochalpenhütten	2114		Pragser Wildsee	33
Hochgall	2276	0474/672 550	Rein	20, 21
Kaseralm	2076	348/728 2727	St. Magdalena	32
Kegelgasslalm	2123	348/873 07 31	Stallila/St. Johann	25
Klammbachalm	1944	335/6572 955	Sexten	44
Knuttenalm	1911	0474/690 053	Rein	22
Kofler zw. den Wänden	1528	0474/691 005	Ahornach	17
Nemesalpe	1877	0474/710 699	Kreuzbergpass	45
Obere Engbergalm	2123	0472/868 019	Pfunderer Tal	3
Plätzwiese	1991	0474/748 650	Straße ab Prags	37
Rastner	1931	0472/546 422	Ellen	7
Roßalm	2142	349/007 0567	Gh. Brückele	36
Rötalm	2116	0474/654 226	Schaubergwerk Prettau	27
Rotwandwiesen	1924	0474/710 651	Gondelbahn ab Bad Moos	46, 47
Rudi	1914	0474/710 436	Gondelbahn ab Bad Moos	46, 47
Seekofel	2327	0436/866 991	Pragser Wildsee	35
Sillianer Hütte	2447	+43(0)4842/6770	Helm-Seilbahn	44
Stallila	1472	0474/671 226	St. Johann (Straße)	25
Starkenfeld	1936	0472/454 203	Ellen	7
Stumpfalm	1968	0474/948 146	St. Magdalena	32
Taistner Sennhütte	2012	340/335 9611	Mudlerhof	31
Talschluss	1526	0474/710 606	Fischleinboden	47, 48
Tiefrastenhütte	2312	0474/554 999	Terenten	5
Uwaldalm	2042	0474/948 051	St. Magdalena	32
Waldner Alm	2068	0474/654 204	Prettau	26
Wieserhütte	1850	0472/520 350	Meransen	2
Zsigmondy	2224	0474/710 358	Fischleinboden	47, 49

Die Bergbahnen der Region (mit Sommerbetrieb)

	Talstation (m)	Bergstation (m)	Tour
Gitsch-Gondelbahn	Meransen (1414 m)	Gaisraste (2058 m)	2
Kronplatz-Seilbahn	Reischach (953 m)	Kronplatz (2273 m)	9
Speikboden-Gondelbahn	Tauferer Tal (939 m)	Michlreiser Alm (1958 m)	23
Klausberg-Gondelbahn	Steinhaus (1044 m)	Klausberg (1602 m)	
Helm-Seilbahn	Sexten (1316 m)	Helmhang (2041 m)	43, 44
Rotwandwiesen-Gondellift	Bad Moos (1353 m)	Rotwandwiesen (1914 m)	46, 47
Haunold-Sessellift	Innichen (1174 m)	Haunoldhütte (1493 m)	50

Was man vorab wissen sollte: nützliche Infos

Schwierigkeitsgrade

Die 50 vorgestellten Wanderungen sind in ihrem Anforderungsprofil entsprechend farblich gekennzeichnet. Das erleichtert die Tourenwahl.

▼ Leichte Wanderungen auf gebahnten Wegen, keine größeren Steigungen. Auch für Familien geeignet.

▼ Bergwanderungen und Gipfeltouren mit größeren Höhenunterschieden, auch weglosen (aber markierten) Passagen in Geröll oder leichten Felsen.

▼ Anspruchsvollere Touren mit felsigen Wegabschnitten, die auch gesichert sein können. Ausgesetzte Passagen, steile Anstiege, lange, anstrengende Touren. Ein sicherer Tritt, Bergerfahrung und Schwindelfreiheit sowie eine gute

Erfrischendes Fußbad.

Aussichtswandern am Speikboden. Am Horizont Weißzint (links) und Großer Möseler.

Kondition und die dem Anforderungsprofil (Klettersteige) entsprechende Ausrüstung unerlässlich.

Klettersteige

Die Dolomiten sind ein Dorado für Klettersteigler. Auch in den Sextener Dolomiten gibt es mehrere Vie ferrate; sie werden in diesem Führer teilweise vorgestellt. Ausgeklammert bleiben allerdings die anspruchsvolleren Routen; dafür gibt es Spezialliteratur.

Zeitangaben

Bei den angegebenen Zeiten handelt es sich um Durchschnittswerte. Sie können – je nach Alter und/oder Kondition – stark unter- bzw. überschritten werden. Mit zu berücksichtigen sind beim Zeitaufwand auch Faktoren wie das Wetter (rutschige Wege); wer Kinder dabei hat, wird entsprechend längere Gehzeiten und mehr Pausen einplanen.

Höhenprofile

Die Diagramme vermitteln Informationen über die Länge der Tour (km) und die Höhenunterschiede (m) im Auf- und Abstieg. Ebenfalls abzulesen sind die absoluten Höhen und die Gehzeit.

Orientierung

Dieser KOMPASS-Wanderführer dient nicht nur der Vorbereitung auf die Tour; er soll auch unterwegs zu Rate gezogen werden, am besten zusammen mit einer KOMPASS-Wanderkarte im Maßstab 1:25 000.

Tourenübersicht

Nr.	Ziel	Ausgangspunkt	Gehzeit/Hm	Anmerkungen
Spaziergänge, leichte Halbtagswanderungen				
4	Terner Mühlen	Terenten	2 Std./200	
8	Am Fuß des Kronplatzes	St. Lorenzen	2½ Std./170	Lehrpfad
9	Reischach	Kronplatz	3 Std./---	1300 m im Abstieg
11	Lamprechtsburg	Bruneck	2½ Std./140	Stadtbesichtigung
12	Amaten	Aufhofen	4 Std./580	Gh. Oberraut
16	Reinbach-Wasserfälle	Winkel	2 Std./310	Besinnungsweg
28	Erdpyramiden von Platten	Unterwielenbach	3½ Std./610	kurze Variante
40	Toblacher See	Toblach	3 Std./100	
48	Fischleintal	Sexten	3 Std./220	Kinder, Familien
50	Dreischusterhütte	Haunoldlift	4 Std./450	Haunoldköpfl
Mittlere Halbtagswanderungen				
7	Astjoch	Ellen	3¾ Std./650	kein Bus nach Ellen
17	Kofler zw. den Wänden	Tobl	3 Std./480	Sicherungen
20	Hochgallhütte	Rein	3¼ Std./740	Tristennöckl
23	Speikboden	Michlreiser Alm	3 Std./580	kürzere Variante
27	Rötalm	Bergwerk Prettau	3¼ Std./600	steiler Abstieg
37	Dürrenstein	Plätzwiese	4 Std./860	berühmtes Panorama
43	Helm	Helmbahn	3½ Std./400	langer Abstieg
Anspruchsvolle Halbtagswanderungen				
6	Sambock	Platten	4 Std./850	Abstecher zum Windeck
10	Piz da Peres	Furkel	4 Std./750	Hochalmsee
Mittlere Tageswanderungen				
13	Rammelstein	Oberwielenbach	5 Std./980	Felsen am Gipfelgrat
19	Vegetationsweg	Ahornach	4¼ Std./700	
25	Kreuzkofel	Stallila	4½ Std./1000	steiler Abstieg
26	Waldner See	Prettau	4¼ Std./870	auch ab Kasern möglich
30	Rote Wand	Staller Sattel	5 Std./950	kürzere Variante
31	Rudlhorn	Mudlerhof	6¼ Std./1080	Variante ohne Rudlhorn
32	Almweg 2000	St. Magdalena	5½ Std./740	frische Almprodukte
36	Gaislhöhenweg	Gh. Brückele	5½ Std./900	einige Sicherungen
38	Römerweg	Welsberg	5½ Std./740	Teilbegehungen möglich
39	Toblacher Pfannhorn	Kandellen	5¾ Std./1060	
41	Sarlkofel	Toblacher See	6¾ Std./1150	auch ab Pragser Tal
42	Hochebenkofel	Höhlensteintal	8 Std./1600	anstrengend

44	Hornischegg	Helmbahn	5 Std./600	langer Abstieg
45	Vallorera	Kreuzbergpass	4½ Std./680	
Anspruchsvolle Tageswanderungen				
1	Wilde Kreuzspitze	Fanealm	7 Std./1410	alternativ: Wilder See
2	Seefeldspitze	Gitsch-Seilbahn	7 Std./750	alternativ: Seefeldseen
5	Eidechsspitze	Terenten	7¾ Std./1540	
14	Bloßberg	Kahlehof	5¼ Std./1060	Schrofen am Gipfel
15	Große Windschar	Mühlbachtal	7 Std./1470	anstrengende Tour
18	Neveser Höhenweg	Neves-Stausee	6¾ Std./920	
21	Hartdegen-Weg	Rein	7¼ Std./1000	kürzere Variante
22	Dreieckspitze	Rein	7½ Std./1360	Schrofen am Gipfel
24	Gelenkscharte	Weißenbach	7¼ Std./1400	anstrengende Runde
29	Almerhorn	Staller Sattel	9 Std./1110	hochalpin!
33	Hochalpenkopf	Pragser Wildsee	7 Std./1060	
34	Herrstein	Pragser Wildsee	5 Std./990	Sicherungen am Gipfel
35	Seekofel	Pragser Wildsee	8 Std./1440	Sicherungen am Grat
49	Drei-Zinnen-Hütte	Fischleinboden	6¾ Std./1160	Klassiker
Gesicherte Steige, Vie ferrate				
3	Pfunderer Höhenweg	Dun	8¼ Std./1600	anstrengende Tour
46	Sextener Rotwand	Rotwandwiesen	5¾ Std./1100	Klettersteig
47	Alpinisteig	Rotwandwiesen	6¾ Std./900	Klettersteig

Am Weg zwischen Lutterkopf und Durakopf; Blick auf Sextener und Pragser Dolomiten

Über die Wilde Kreuzspitze, 3132 m

Auf den höchsten Gipfel der Pfunderer Berge

Ausgangspunkt: Parkplatz (ca. 1720 m) knapp vor der Fanealm, 5 km von Vals. Im Sommer ist die Zufahrt von 9.30 – 17.30 Uhr gesperrt (Taxidienst). Zu Fuß vom Parkplatz hinter Vals knapp 1 Std. bis zur Fanealm.
Bahn/Bus: Busverbindung Mühlbach (Bahnhof) – Vals.
Gehzeit: Aufstieg 4½ Std., Abstieg 2½ Std.; gesamt 7 Std.
Charakter: Hochalpine Gipfelüberschreitung auf teilweise rauen Wegen. Trittsicherheit und Ausdauer unerlässlich, Abstieg bei Nässe teilweise unangenehm rutschig. – Lohnend ist auch die Wanderung zum Wilden See (2532 m), hin und zurück 4½ Std.

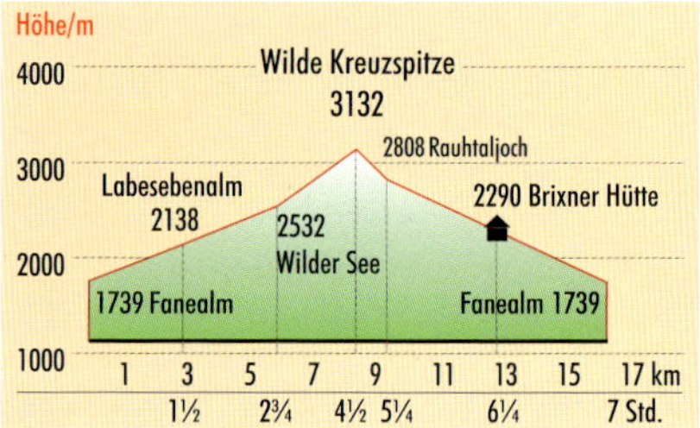

Einkehr: Fanealm (Mitte Mai bis Ende Oktober), Brixner Hütte (Juni bis Oktober).
Karte: Kompass Nr. 44.

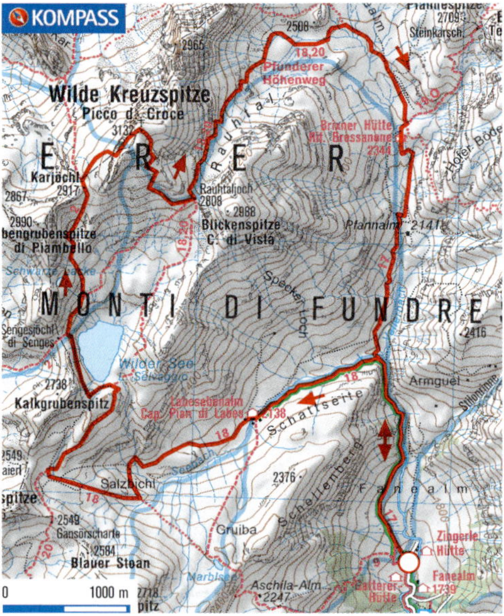

Hoch ist sie und »wild« soll sie sein, die Kreuzspitze; das könnte so manche/n abschrecken. Doch keine Angst, wer über einen sicheren Tritt und eine gute Kondition verfügt, darf sich eine Besteigung des höchsten Gipfels der Pfunderer Berge durchaus zutrauen – bei gutem Wetter. Dann bietet der Dreitausender auch ein großes, an Kontrastbildern reiches Panorama. Im Norden stehen die vergletscherten Dreitausender des Zillertaler Hauptkamms, am südlichen Horizont reihen sich Dolomitenzacken aneinander, fern im Westen blinken die Glet-

Herbstschnee am Gipfel der Wilden Kreuzspitze .

scher von Adamello, Ortler und Ötztaler Alpen, und über dem Dunst des Südtiroler Unterlands sind sogar ein paar Höhenzüge der Gardaseeberge auszumachen.

Der Anstieg beginnt auf einer Sandstraße, führt von der idyllischen **Fanealm** (1739 m) in die wilde Klamm der Schramme, dahinter links ins weiträumige Almrevier des Seebachs. An der **Labesebenalm** (2138 m) endet die breite Piste; ein gut markierter Weg führt weiter ins Talinnere, dann über einen grasigen Hang schräg bergan. An der Verzweigung unter der Gansörscharte hält man sich rechts und folgt der Spur, die an der abschüssigen Seeleite (Vorsicht!) entlang zum **Wilden See** (2532 m) führt. Links um das Gewässer herum zur Einmündung des »Pfunderer Höhenweges«. Man folgt ihm nur ganz kurz bis zur nächsten Gabelung: hier links durch einen steinigen Graben hinauf ins Karjöchl (2917 m), wo der (ebenfalls markierte) Anstieg von der Sterzinger Hütte mündet. Aus der Scharte über Geröll und leichte Schrofen zur **Wilden Kreuzspitze** (3132 m). Vom Gipfel leitet eine deutliche Spur über die Südostflanke der Wilden Kreuzspitze hinab ins **Rauhtaljöchl** (2808 m). Nun den Markierungen folgend durch das Rauhtal (das seinen Namen durchaus verdient!) abwärts. Unter den Geröllmassen versteckt sich hier ein winziger (ungefährlicher) Gletscherrest. In steilen Kehren steigt der Weg ab in den weiten Boden der Pfannealm, biegt dann im Flachen nach Süden um. Bald schon kommt die 1973 erbaute **Brixner Hütte** (2290 m) in Sicht; von ihrer Terrasse geht der Blick übers Valser Tal bis zum fernen Zackenprofil des Langkofels.

Der weitere Abstieg führt über die Pfannalm (2141 m) hinunter zur Schramme, wo man auf den Anstiegsweg stößt. Auf ihm zurück zur **Fanealm.**

Seefeldseen und Seefeldspitze, 2715 m

Bergseen und Seeberge

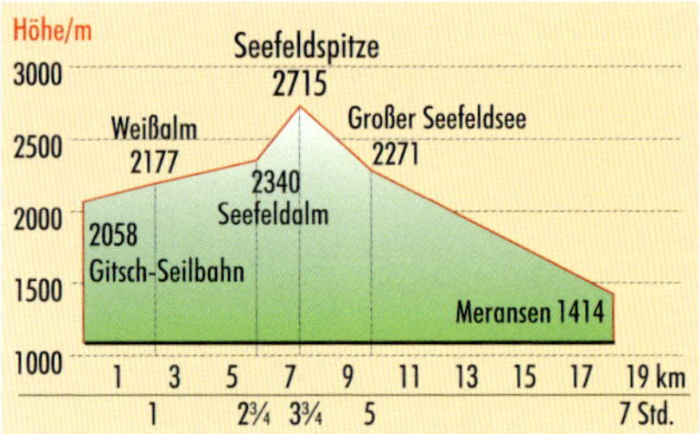

Ausgangspunkt: Bergstation der Gitsch-Seilbahn auf der Gaisraste (2058 m); ihre Talstation in Meransen (1414 m) erreicht man von Mühlbach (Bahnhof) über eine gute Serpentinenstraße.
Bahn/Bus: Buslinie Mühlbach – Meransen.
Gehzeit: Aufstieg 3¾ Std., Abstieg 3¼ Std.; gesamt 7 Std. Wandert man nur bis zum Großen Seefeldsee (2271 m), ergibt sich eine Gesamtgehzeit von 4½ Std.
Charakter: Ausgedehnte Höhen- und Gipfelwanderung, die Ausdauer verlangt. Am »Schellebergweg« gesicherte, teilweise etwas ausgesetzte Passagen. Liegen in der Steilflanke Schneereste, ist von einer Begehung dringend abzuraten!
Einkehr: Zaßlerhütte (Sommer), Wieserhütte (Juni bis Oktober), Pranteralm (Mitte Mai bis Ende Oktober), Großberghütte (Sommer).
Karte: KOMPASS Nr. 56.

Ein spannender Hangweg, ein zwischen steilen Felsen versteckter Fjord, zwei weitere Bergseen und ein schöner Gipfel: genug für einen ausgefüllten Bergtag. Kürzer, aber ebenfalls lohnend ist die Tour, wenn man den Gipfel auslässt und vom Großen Seefeldsee direkt ins Altfaßtal absteigt.
Die Tour startet gemütlich, führt von der **Seilbahnstation** (2058 m) zunächst ohne Höhengewinn, aber mit hübschen Ausblicken zur Zaßler Hütte, dann auf einer Sandstraße mäßig steil bergan zum Ochsenboden. Dahinter

Der Große Seefeldsee.

geht's kurz abwärts zur Weißalm (2177 m), wo der **»Schellebergsteig«** beginnt. Er steigt über einen felsdurchsetzten Hang an und quert dann – in etwa die Höhe haltend – die abschüssige Westflanke des Fallmetzer (2568 m). Bei der Passage der Steilrinnen (Drahtseile) ist besondere Vorsicht angezeigt. Zuletzt steigt der Weg an zu einer markanten Geländeschulter (2380 m) über dem **Großen Seefeldsee** (2271 m). Hier wird der Blick frei auf die eigenartige, von tiefen Gräben durchzogene Buckellandschaft unter der Seefeldspitze. In der innersten Talmulde liegen der Mittlere und der Obere Seefeldsee (2514 m). Der markierte Gipfelweg tangiert beide; er steigt von der Seefeldalm (2340 m) an zu den beiden Bergseen und leitet dann links haltend über Wiesenhänge zur **Seefeldspitze** mit schöner, lediglich nach Norden etwas eingeschränkter Rundschau.

Der Abstieg führt zunächst auf dem Anstiegsweg zurück zur Seefeldalm, dann durch eine kleine Klamm weiter zum Großen Seefeldsee. Vom Südufer auf breitem Weg an steiler Berglehne hinunter ins **Altfaßtal.** Von der Wieserhütte wandert man auf einer Sandstraße zurück nach **Meransen.**

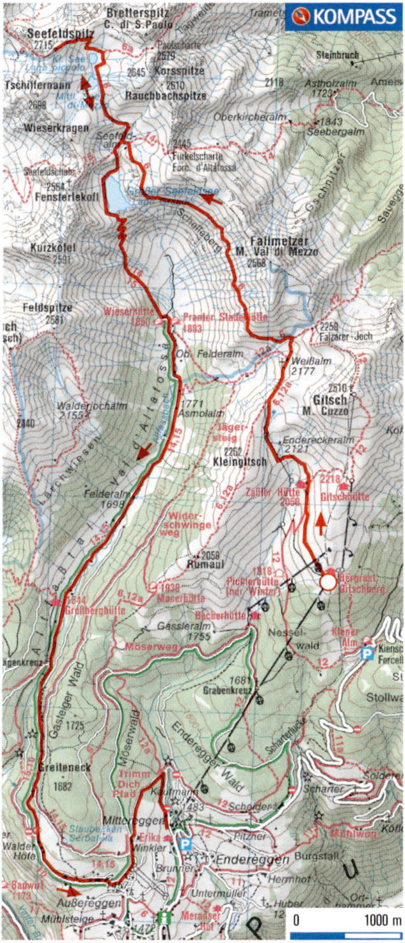

Gitsch, 2510 m

Eine prächtige Aussicht auf viele Südtiroler Bergketten bietet der Gitschberg, 1½ Std. von der Bergstation der Gitsch-Seilbahn. Seine Besteigung lässt sich auch gut mit der Tour zu den Seefeldseen verbinden; über den schrofigen Nordgrat leitet eine Pfadspur hinab ins Falzarer Joch (2259 m). Westlich unterhalb stößt man auf den »Schellebergsteig«.

Am »Pfunderer Höhenweg«

Hohe Scharten über dem innersten Pfunderer Tal

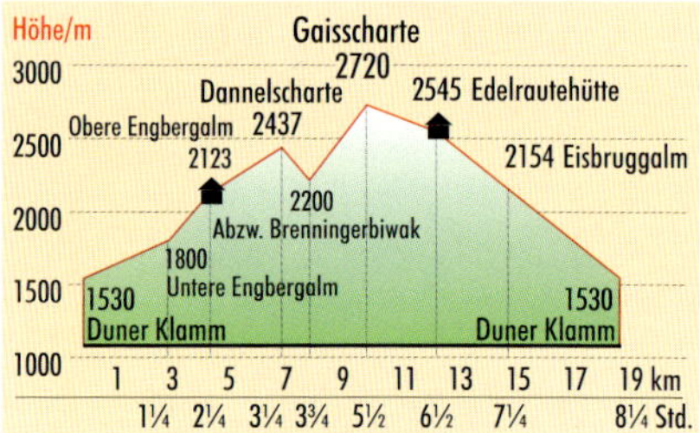

Ausgangspunkt: An der Mündung der Duner Klamm (ca. 1530 m); etwa 6 km ab Pfunders. Pfunders erreicht man von Niedervintl auf guter Straße.

Bahn/Bus: Buslinie Niedervintl – Pfunders.

Gehzeit: Anstieg zum »Pfunderer Höhenweg« 2½ Std., Höhenweg bis Edelrautehütte 4 Std., Abstieg 1¾ Std.; gesamt 8¼ Std.

Charakter: Große Wanderrunde im Herzen der Pfunderer Berge mit längeren weglosen Passagen (Blockwerk, Geröll) und kurzen gesicherten Passagen. Nur für ausdauernde, erfahrene Berggänger. Zwischenabstieg vom Brenninger-Biwak möglich, markiert. »Pfunderer Höhenweg« durchgehend mit rot-weißer Kreismarkierung.

Einkehr: Obere Engbergalm (Mitte Juni bis Anfang Oktober), Edelrautehütte (Ende Juni bis Anfang Oktober).

Karte: KOMPASS Nr. 82.

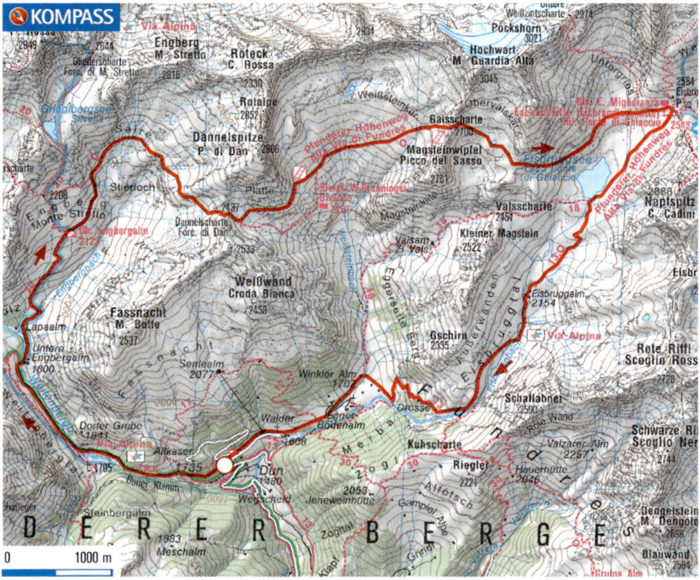

Einsame Höhenroute vor großer Kulisse: der »Pfunderer Höhenweg«.

Da liegt das Wortspiel nahe: eine Pfundstour. Das stimmt zwar, kommt der Wirklichkeit aber nur bedingt nahe, denn die große Runde im Herzen der Pfunderer Berge ist noch mehr: eine Wanderung in die Einsamkeit, zu versteckten Karmulden und hohen Scharten. Hier sind Gämse und Murmeltier heimisch, kreist der Steinadler über den dunklen Graten: Natur pur. Wenn dann – endlich! – über dem Eisbruggsee die Edelrautehütte auftaucht, ist das fast schon eine Rückkehr in die Zivilisation. Insgesamt eine Tour mit ganz starken Eindrücken, quer durch eine Hochgebirgslandschaft »namenloser« Berge.

Sie startet auf einer Sandstraße mit der Wanderung durch die malerische **Duner Klamm.** Bei der Unteren Engbergalm überquert man den Weitenbergbach, wenig weiter dann den Engbergbach nach links. Über mäßig steile Wiesenhänge führt der Weg zur **Oberen Engbergalm** (2123 m). Nun nicht weiter bergwärts, sondern – unmarkierten Spuren folgend – erst flach talein und dann links ansteigend, bis man auf den

Stilles Gewässer: der Eisbruggsee.

»Pfunderer Höhenweg« stößt. Mit ihm in weitem Rechtsbogen in die **Dannelscharte** (2437 m). Jenseits des Jochs leiten die Markierungen über Wiesen bergab, ehe man links über abschüssige Hänge (Drahtseile) in das weite Weißsteinkar quert. Etwas tiefer (Hinweis), am (Zwischen-)Abstieg ins Pfunderer Tal, liegt das kleine **Brenninger Biwak** (2157 m).

Der »Pfunderer Höhenweg« steigt über Wiesen, Blockwerk und Geröll ostwärts an in die enge **Gaisscharte** (2720 m). Dahinter helfen Drahtseile über eine 40-Meter-Steilstufe (Schlüsselstelle) hinab ins Obervalskar. Man quert es sanft absteigend hinüber zu einer flachen grasigen Senke, die einen ersten Blickkontakt mit der **Edelrautehütte** am Eisbruggjoch (2545 m) bietet. Nun weiter über steinige Wiesen bergab und oberhalb des **Eisbruggsees** (2351 m) in längerer Querung, zuletzt leicht steigend, zur Hütte. (Bei guter Sicht kann man vom Höhenweg auch weglos direkt zum unteren Seeende absteigen.)

Der Abstiegsweg verläuft in der Gegenrichtung durch das lang gestreckte Eisbruggtal, vorbei an der gleichnamigen Alm (2154 m), bis zu seiner schluchtähnlich verengten Mündung. An der Verzweigung mit der Mark. 13 geradeaus, quer über abschüssige Grashänge zu einer winzigen Scharte und dahinter in Kehren bergab. Unten über den Bach und an ihm entlang zurück zum Ausgangspunkt der großen Runde.

Pfunderer Höhenweg

Anspruchsvolle Unternehmung in den Pfunderer Bergen, von Wiesen bei Sterzing bis nach St. Georgen bei Bruneck führend, durchweg markiert, abschnittweise aber weglos. Leichte Kletterstellen (I-II), kurze gesicherte Passagen. Nächtigung in Hütten bzw. Biwak. 1. Tag: Wiesen – Trenser Horn – Simile-Mahdalm (2011 m). 2. Tag: Simile-Mahdalm – Rauhtaljoch – Brixner Hütte (2290 m). 3. Tag: Brixner Hütte – Walter-Brenninger-Biwak (2157 m). 4. Tag: Brenninger-Biwak – Gaisscharte – Edelrautehütte (2545 m). 5. Tag: Edelrautehütte – Hochsägescharte – Tiefrastenhütte (2312 m). 6. Tag: Tiefrastenhütte – Sambock – St. Georgen.

Steile Flanken, schmale Spur: der »Pfunderer Höhenweg« in der Ostflanke der Dannelspitze.

Terner Mühlen

Wasserkraft

Ausgangspunkt: Terenten (1209 m), 6 km von Niedervintl.
Bahn/Bus: Buslinie Niedervintl (Bahnhof) – Terenten – Pfalzen – Bruneck.
Gehzeit: 2 Std.
Charakter: Ausgedehnter Spaziergang auf guten Wegen.
Einkehr: Jausenstation Jennewein, Gasthäuser in Terenten.
Karte: KOMPASS Nr. 56.

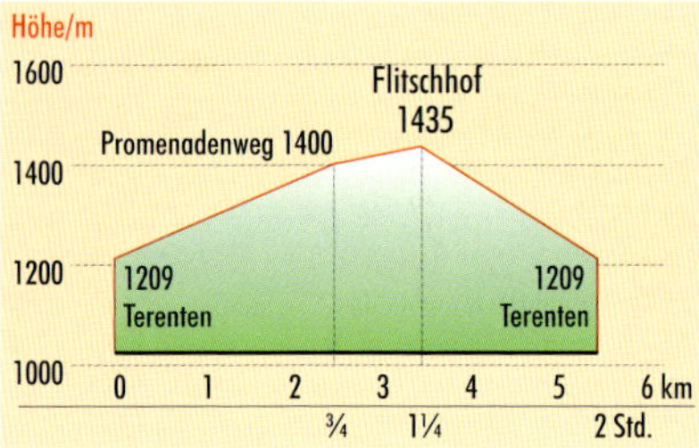

Früher drehten sich oberhalb von Terenten die großen Mühlräder, angetrieben von der Kraft des Wassers, fast täglich, wurde das Korn von mächtigen Mahlsteinen zerrieben. Ein halbes Dutzend dieser sehenswerten Zeugen aus vergangenen Zeiten steht im Graben des Terner Bachs, und während des Sommers wird jeden Montag eine Anlage in Betrieb genommen, fließt das Wasser für ein paar Stunden auf die mächtigen Holzräder, setzt sich das Mahlwerk in Bewegung. Hinterher wird Brot nach Omas Rezept gebacken – gute alte Zeit.

Noch viel älter als die Mühlen sind die Erdpyramiden im Graben des Terner Bachs, und ein paar Jahrhunderte hat auch der Flitschhof auf dem Buckel, was man seinen

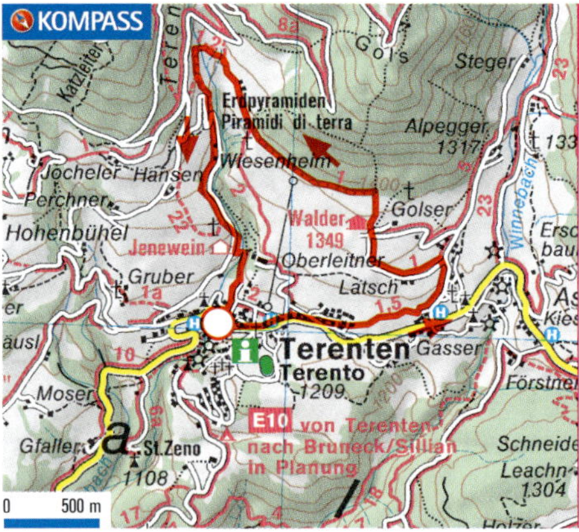

Pustertaler Sonnenstraße

Über das Mittelgebirgsplateau, das sich von der Mündung des Pfunderer Tals ostwärts bis zum Brunecker Talkessel erstreckt, verläuft eine gut ausgebaute Straße mit werbewirksamer Bezeichnung, von Niedervintl via Terenten und Pfalzen nach Bruneck. Sie ist Ausgangspunkt für lohnende kleine Ausflüge, beispielsweise zum Issinger Weiher (912 m) oder zum gotischen Kirchlein St. Martin (1173 m).

Wasserkraft, sinnvoll genutzt: Terner Mühle.

von Wind und Wetter gezeichneten Holzbalken auch ansieht.
Vom Parkplatz im Ort folgt man kurz der Hauptstraße in Richtung Bruneck, bis ein Schild mit der Markierung 1 links in eine Nebenstraße weist. Zwischen den Häusern durch und leicht ansteigend zu dem Sträßchen, das die Höfe über der Mündung des Winnebachtals erschließt. Hinauf zum Waldrand und mit dem »Promenadenweg«, der seinen Namen durchaus verdient (Aussicht zu den Dolomiten), flach hinüber zum **Flitschhof** (1435 m) und zum Terner Bach. Nun an den **Mühlen** vorbei (Infotafeln) abwärts zu den **Erdpyramiden** und zur Jausenstation Jennewein (1330 m). Weiter am Bach entlang und hinein ins Dorf.

Eidechsspitze, 2738 m, und Tiefrastenhütte

Hoch über dem unteren Pustertal

Ausgangspunkt: Terenten (1209 m), Dorf an der »Pustertaler Sonnenstraße«.
Bahn/Bus: Buslinie Niedervintl (Bahnhof) – Terenten – Pfalzen – Bruneck.
Gehzeit: Aufstieg 4½ Std., Übergang zur Tiefrastehütte 1¼ Std., Abstieg 2 Std.; gesamt 7¾ Std.
Charakter: Große Gipfeltour, die neben einer guten Kondition einen sicheren Tritt verlangt. Teilweise recht raue Wege, langer Abstieg.

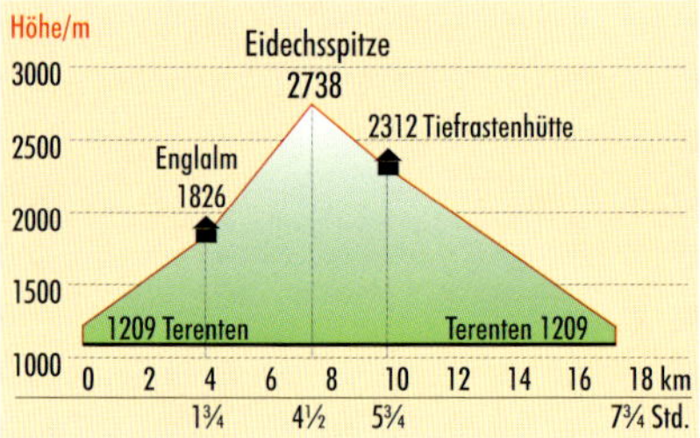

Einkehr: Englalm (Sommer), Tiefrastenhütte (Mitte Mai bis Ende Oktober), Astner Bergalm (Mitte Mai bis Ende Oktober).
Karte: KOMPASS Nr. 56.

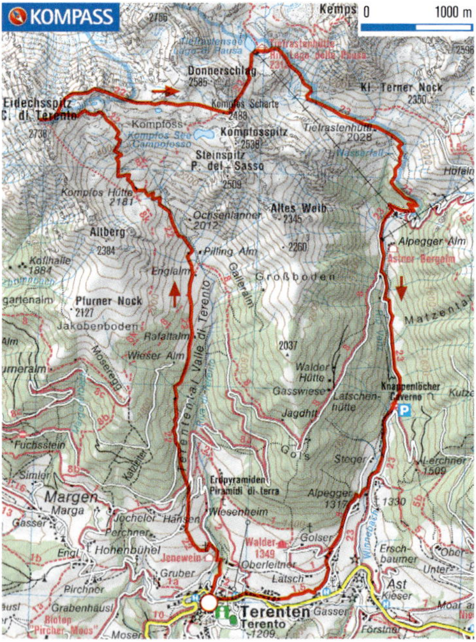

Eidechsen – bei den Einheimischen »Hegedex« genannt – wird man an diesem Gipfel keine entdecken; die tummeln sich in tieferen Lagen, vorzugsweise an sonnigen Bruchsteinmäuerchen. Wie der Berg zu seinem Namen kam, ist unklar, klar dagegen, dass sein breitmassiger Rücken bei schönem Wetter ein herrliches Panorama bietet. Der Blick aus dem Pustertal zur Eidechsspitze verrät aber auch gleich, dass der Weg zum Gipfel lang und anstrengend ist:

Auf der Eidechsspitze; Blick ins Gadertal und auf die Dolomiten.

gut 1500 Höhenmeter vom Terrassendorf Terenten sind kein Pappenstiel. Nimmt man den Abstieg über die Tiefrastenhütte, ergibt sich eine Runde mit vielfältigen, teilweise starken Eindrücken. Der Aufstieg führt von **Terenten** (1209 m) zunächst in den Graben des Terner Bachs, dann links über Wiesen mit der Mark. 22 hinauf zu einer Straße. Nach einem kurzen Wegstück auf Asphalt biegt man in den Ziehweg ein (Hinweis), der im Wald zu einer Schotterpiste ansteigt. Sie führt im Terentental zur Rafaltalm und zur schmucken **Englalm** (1826 m).

Weiter auf markiertem Steig bergan, zuletzt mit ein paar Serpentinen zur kleinen Kompfoßhütte (2181 m). Über die felsdurchsetzte Flanke weiter bergan gegen den ausgeprägten Ostgrat der **Eidechsspitze** und über ihn zum Gipfel. Kurz zurück auf dem Anstiegsweg, dann links haltend in blockigem Gelände abwärts zu einem schartigen Grat. Man folgt ihm bis in die eigenartige Buckellandschaft des Kompfoß mit ihren beiden düsteren Seen, steigt dann durch die »Zahnlücke« zwischen Donnerschlag (2585 m) und Kompfoßspitze über kleine Felsstufen, Geröll und Wiesen ab zur **Tiefrastenhütte** (2312 m) am gleichnamigen See. Auf ordentlichem Steig über eine markante Talstufe hinunter, dann flacher talauswärts. Aus dem Wanderweg wird eine Sandpiste, die in Schleifen (rechts hübscher Wasserfall) absteigt zur **Astner Bergalm** (1641 m).

Auf der Straße durchs Winnebachtal und mit der Wegmarkierung 5 zurück nach **Terenten.**

Über den Sambock, 2396 m

Aussichtswarte über dem Brunecker Talkessel

Ausgangspunkt: Platten (1608 m), Hofgruppe am Sonnenhang über Pfalzen; Anfahrt von Pfalzen, 6 km. Parkmöglichkeiten nur wenig oberhalb der Jausenstation Lechner.
Bahn/Bus: Busverbindung Bruneck – Pfalzen.
Gehzeit: Aufstieg 2¼ Std., Abstieg 1¾ Std.; insgesamt 4 Std.

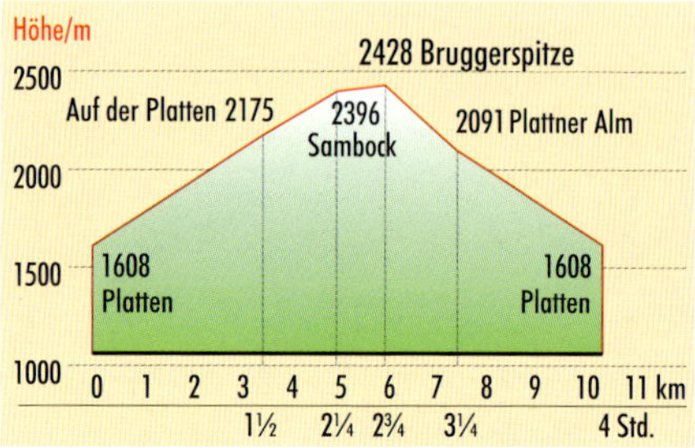

Charakter: Beliebte Gipfeltour, bis zum Sambock leicht, am felsigen Nordgrat neue Sicherungen. Abstecher zum Windeck markiert, ½ Std. hin und zurück.
Einkehr: Jausenstation Lechner (ganzjährig).
Karte: KOMPASS Nr. 56.

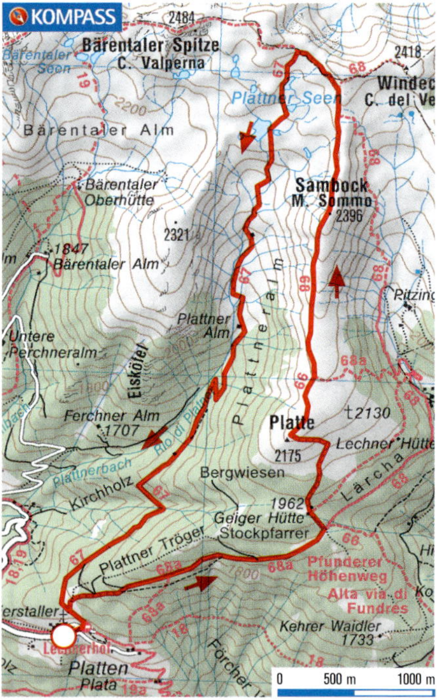

Der Sambock (2396 m) bildet sozusagen das westliche Gegenstück zum Rammelstein (Tour 13), der sich im Nordosten des Brunecker Talkessels erhebt. Beide Gipfel bieten ein kontrastreiches Panorama, das vom gletscherweißen Zillertaler Hauptkamm bis zu den Dolomiten reicht, dazu packende Tiefblicke in den Brunecker Talkessel, beide besitzen einen felsigen Nordgrat und beide lassen sich auf markierten Wegen überschreiten. Etwas kürzer ist die Runde über den Sambock, die sich aber erheblich erweitern lässt, beispielsweise westwärts

Vom Sambock geht der Blick nach Nordosten bis zur Rötspitze; rechts Gipfel der Rieserfernergruppe.

auf dem »Pfunderer Höhenweg«. Nicht versäumen sollte man bei guten Sichtverhältnissen den kleinen Abstecher zum Windeck (2418 m), allein schon des stimmungsvollen Tiefblicks auf Sand in Taufers wegen.
Die Tour startet eher gemütlich, führt auf einer Waldstraße, deren Kehren sich abkürzen lassen, vom Parkplatz überwiegend schattig bergan. Im Stockerwald verlässt man die Sandpiste nach links (Hinweis »Sambock«). Über einen steilen Hang zieht der Weg bergan gegen das große Kreuz **»Auf der Platten«** (2175 m), das links abseits bleibt, und weiter über den breiten Rücken, der erst zuletzt wieder stärker ansteigt, zum Gipfel des **Sambock.**
Die Fortsetzung der Tour folgt dem recht felsigen Nordgrat, der an einigen Stellen mit Drahtseilen versehen ist, mit einigem Auf und Ab bis zur Abzweigung zum Windeck (2418 m). Nun links über die **Bruggerspitze** (2428 m) in eine namenlose Gratsenke.
Der »Pfunderer Höhenweg« folgt weiter westwärts dem vielgipfligen Kamm; links leiten Markierungen über Wiesenhänge hinunter zu den kleinen Plattner Seen (2258 m). Weiter talabwärts zur **Plattner Alm** (2091 m) und auf einer Straße im Wald zurück zum Ausgangspunkt der Tour.

Auf das Astjoch, 2194 m

Schaukanzel über dem Pustertal

Ausgangspunkt: Ellen (1362 m), Weiler südlich über Ehrenburg (820 m). Anfahrt auf einer Serpentinenstraße bis zu dem Wanderparkplatz bei den höchstgelegenen Höfen (Kreuzner, 1550 m).
Bahn/Bus: Busverbindung Bruneck – Ehrenburg – Gadertal. Kein Bus nach Ellen!
Gehzeit: Aufstieg 2 Std., Abstieg 1¾ Std., gesamt 3¾ Std.
Charakter: Leichte Gipfelwanderung auf überwiegend guten Wegen, durchgehend markiert.

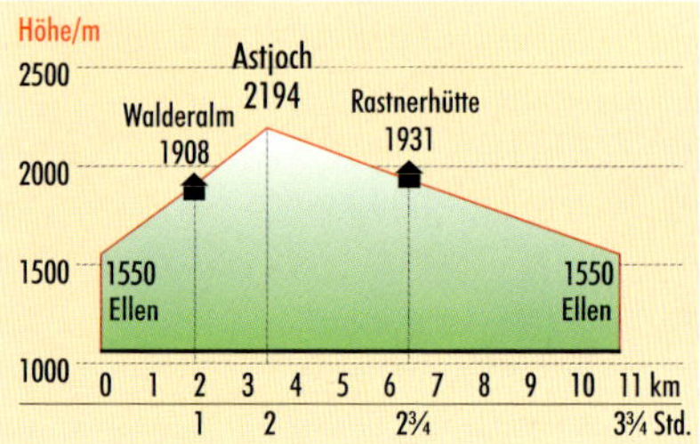

Einkehr: Walderalm (Sommer), Starkenfeldhütte (Ende Mai bis Ende Oktober), Rastnerhütte (Ende Mai bis Ende Oktober).
Karte: KOMPASS Nr. 56.

Wer durchs untere Pustertal anreist, ahnt kaum etwas von dem ausgedehnten Alm- und Wanderrevier, das sich zwischen dem Lüsner Tal und der Mündungsklamm des Gadertals erstreckt: über zehn Quadratkilometer groß, sanftwellig und besonders aussichtsreich. Dazu gibt's auf dem aus Quarzphyllit bestehenden Rücken mehrere Hochmoore, ein paar Seeaugen – und ein paar einladende Hütten. Ein geradezu »himmlisches« Panorama genießt man vom Astjoch (Burgstall, 2194 m); es reicht – wie sich am originellen, aus Steinen gestalteten Gipfelzeiger ablesen lässt – vom Adamello im Südwesten bis zu Österreichs Höchstem, dem Großglockner.

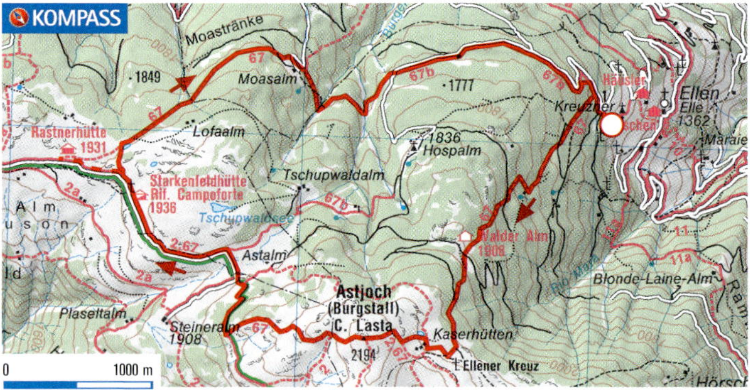

Beliebte Einkehr: die Rastnerhütte.

Vom Parkplatz an der Straßenkehre ganz kurz auf asphaltierter Unterlage bis zur Abzweigung von Weg 67 (Tafel). In mäßiger Steigung geht's überwiegend schattig bergan; zweimal werden breite Forstpisten gekreuzt. Nach einer Stunde ist die **Walderalm** (1908 m) erreicht; sie bietet einen Prachtblick auf den Talkessel von Bruneck. Eine Viertelstunde höher mündet der gut markierte Pfad in eine Schotterstraße, die sanft ansteigend zu den **Kaserhütten** (2110 m) leitet. Zumindest einen Seitenblick verdienen die originellen »Trophäen« an der Hauswand sowie die »Edelweißwand«, bevor man über offene, mäßig steile Wiesenhänge ansteigt zum weithin sichtbaren Kreuz am **Astjoch.** Großartig das Panorama, jenem vom Kronplatz ähnlich, aber ohne hässliche »Verzierungen«. Der Abstieg führt vom abgeflachten Gipfelrücken über harmlose kleine Felsstufen hinunter gegen die Astalm (1954 m). Sie bleibt rechts, wie auch das unter Naturschutz stehende Hochmoor. Auf einer Schotterpiste wandert man flach hinüber zur **Starkenfeldhütte** (1936 m) in schöner Aussichtslage. Nur eine Viertelstunde weiter (Wegzeiger) wartet mit der **Rastnerhütte** bereits die nächste Einkehrgelegenheit: Apfelstrudel oder Kaiserschmarren?

Nur kurz auf der Sandstraße zurück, dann links (Wegzeiger »Ellen«) an einem Holzzaun entlang und nach einem engen Durchlass zu einem kleinen Moorsee (1930 m). Links an ihm vorbei, dann mit den Markierungen 67 und 67b an dem bewaldeten Hang bergab. Schließlich stößt man auf eine Forstpiste, die über zwei Serpentinen (Abkürzung) zurückleitet zum Parkplatz oberhalb Ellen.

Am Fuß des Kronplatzes

Geschichtsträchtiger Boden rund um St. Lorenzen

Ausgangspunkt: St. Lorenzen (810 m), Nachbarort von Bruneck am Südufer der Rienz.
Bahn/Bus: St. Lorenzen liegt an der Pustertaler Bahnlinie; gute Busverbindungen mit den Ortschaften in der Umgebung.
Gehzeit: 2½ Std.
Charakter: Spaziergang auf guten Wegen, wenig Steigungen.
Einkehr: In den Dörfern.

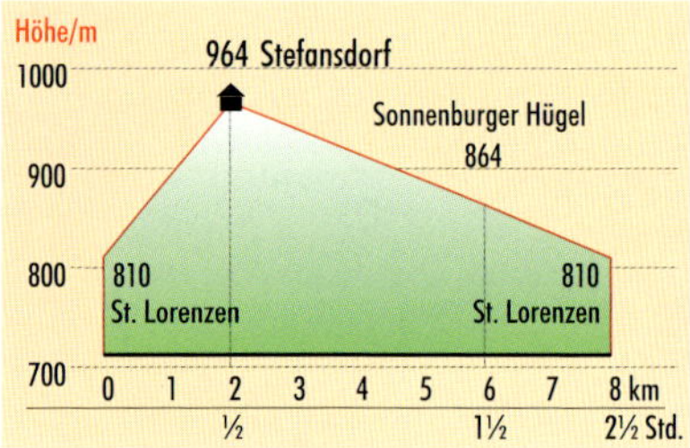

Karte: KOMPASS Nr. 56.

Wenn der Kronplatz (Tour 9) das große Panorama bietet, so kann man bei dieser kleinen Runde am Fuß des Aussichtsberges dafür einiges über die lange Geschichte der Region erfahren. Die ältesten Siedlungsspuren in der Umgebung von St. Lorenzen werden in die früheste Bronzezeit datiert (1800 v.Chr.), und unmittelbar an der Pustertaler Straße sind am Fuß des Sonnenburger Hügels die Überreste des Römerlagers Sebatum freigelegt worden. Auf der felsigen Anhöhe über der Rienz lag einst ein Kloster, 1020 gegründet.

Im späten Mittelalter brachte der Konflikt zwischen der so mächtigen wie streitbaren Äbtissin Verena von Stuben und dem Brixner Kardinal Nikolaus Cusanus das Pustertal an den Rand eines Krieges (heute Schlosshotel).

Einen kostbaren Schatz bewahrt die Pfarrkirche von St. Lorenzen mit der so genannten »Traubenmadonna«, einem Frühwerk des Brunecker Bildhauers Michael Pacher (um 1460).

Die Pfarrkirche von St. Lorenzen.

Mit der Besichtigung der doppeltürmigen **Kirche,** die im Kernbestand auf das 13. Jahrhundert zurückgeht, startet die kleine Wanderrunde. Sie führt vom Kirchplatz zunächst südlich nach Mühlbach, dann mit der Markierung 4 südöstlich sanft ansteigend nach **Stefansdorf** (964 m).

Am Ortseingang rechts zum nahen Brunnermoos (Biotop) und weiter westlich nach Moos. Über dem Weiler thront auf einer Hügelkuppe wuchtig die **Michelsburg** (keine Besichtigung möglich). Nun auf der Straße abwärts nach St. Martin und weiter zur großen Rienzbrücke. Jenseits des Flusses links und hinauf zum **Sonnenburger Hügel** (864 m). Nördlich unter der Anhöhe liegt der Weiler Sonnenburg (827 m); rechts führt eine Straße abwärts zur Rienz. Zwischen der viel befahrenen Hauptstraße und dem Fluss liegen ein Stück talaufwärts die 1938/39 freigelegten Fundamente des Römerlagers Sebatum.

Zurück zur Brücke und hinein nach **St. Lorenzen.**

Der Kronplatz, 2273 m

Bergabwandern

Ausgangspunkt: Kronplatz (2273 m), Bergstation der von Reischach (953 m) ausgehenden Seilbahn.
Bahn/Bus: Busverbindung Bruneck (Bahnhof) – Reischach. Die Kronplatz-Seilbahn ist von Mitte Juli bis Mitte September in Betrieb, im August täglich, sonst nur Sonntag bis Donnerstag!
Gehzeit: 3 Std.

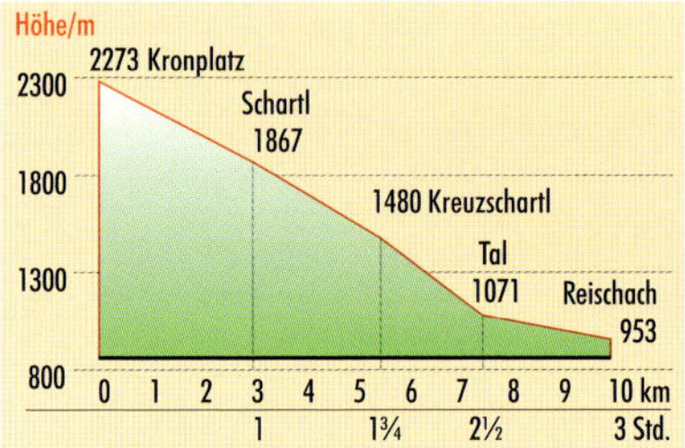

Charakter: Bergabwanderung auf guten und ordentlich markierten Wegen. Einmalig das Gipfelpanorama!
Einkehr: Am Kronplatz und in Reischach, unterwegs keine.
Karte: KOMPASS Nr. 57.

Der Kronplatz, ideal zwischen dem Firnkamm der Zillertaler Alpen und dem Zackenprofil der Dolomitengipfel platziert, gehört zu den schönsten Aussichtspunkten Südtirols. Entschieden weniger

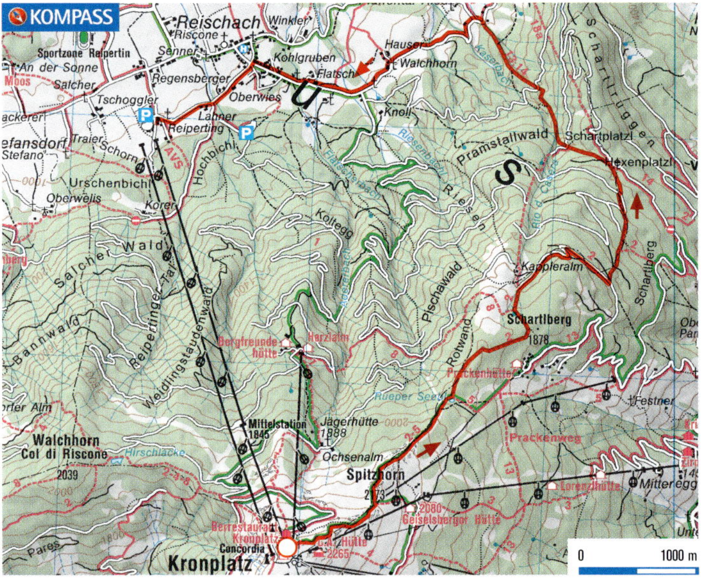

Die Bergabwanderung bietet herrliche Aussicht auf den Brunecker Talkessel, die Dreitausender der Zillertaler Alpen und der Rieserfernergruppe.

schön sind allerdings die vielen Lifte und Pisten, die überdeutlich machen, dass der Kronplatz auch ein Skiberg ist. Doch wer mag schon gerne über platt gewalztes Terrain wandern, Liftmasten statt weidendes Vieh im Blick? Da wünscht sich so mancher die »gute alte Zeit« zurück, als man, mit Alpenstock und Sonnenhut bewehrt, auf die Berge stieg. Heute kommen die meisten mit der Seilbahn und bestaunen die neueste Attraktion des Gipfels, die 18 to (!) schwere Friedensglocke mit ihrer begehbaren Panoramaplattform. Über die Aussicht schrieb Paul Grohmann: »Es besteht für mich kein Zweifel, dass die Rundschau vom Kronplatz eine der schönsten der Dolomiten ist.« Das stimmt auch heute noch, und wer den Weg ins Tal unter die Füße nimmt, lässt den schwer verbauten Gipfel bald einmal hinter sich.

Die Bergabwanderung beginnt bei der Gipfelkapelle; mit der Mark. 2 wandert man – Aussicht ins obere Pustertal und zu den Zillertaler Alpen genießend – am breiten Kamm abwärts zum Spitzhorn (2173 m). Hinter dem felsigen Rücken taucht der Weg bald ein in lichten Wald. Am **Schartl** (1867 m) rechts um das für die Schneekanonen errichtete Wasserbecken herum, aber nicht auf der neuen Straße weiter, sondern, den Markierungen folgend, bergab zur **Kappleralm** (1764 m). Auf einer Waldstraße nach rechts, dann (Hinweis) hinunter zum **Kreuzschartl** (1480 m), auf dem mehrere Wege zusammenlaufen. An der Kreuzung links und durch den Graben des Kesselbachs hinab zu der Straße, die mehrere Höfe am Nordfuß des Kronplatzes erschließt. Auf ihr über den Weiler Walchhorn zurück nach **Reischach** (953 m).

Über den Piz da Peres, 2507 m

Felsiges Profil am Rand der Pragser Dolomiten

Ausgangspunkt: Furkel (1759 m), Straßenpass zwischen Olang und St. Vigil in Enneberg. Parkplätze im Bereich der Scheitelhöhe.
Bahn/Bus: Keine Buslinie über die Furkel!
Gehzeit: Aufstieg 2½ Std., Abstieg 1½ Std.; gesamt 4 Std.
Charakter: Abwechslungsreiche Gipfelüberschreitung, am Westgrat leichte Felspassagen, die einen sicheren Tritt verlangen.

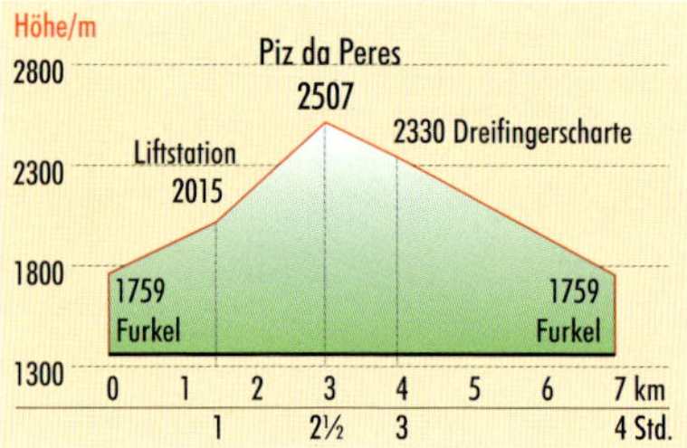

Einkehr: Ücia Picio Pre (im Sommer).
Karte: KOMPASS Nr. 57.

Im Gegensatz zum Kronplatz, der weitgehend dem Massenskilauf geopfert wurde (Tour 9), bietet der Piz da Peres – Nordwestpfeiler der Pragser Dolomiten – noch viel Natur. Lediglich an seiner Nordflanke kratzt ein neuer Sessellift, doch gleich hinter seiner Bergstation beginnt das Areal des Naturparks »Fanes-Sennes-Prags«. Der Aufstieg über den Westgrat wartet dann mit ein paar leichten Felspassagen auf, und die Aussicht vom Gipfel ist fast so schön wie jene vom benachbarten Kronplatz, aber halt ohne all die unschönen Verzierungen.

Von der Scheitelhöhe der Furkel (1759 m) folgt man zunächst der Schotterstraße und der Markierung Nr. 3. Nach etwa 10 Minuten zweigt rechts der neue Weg

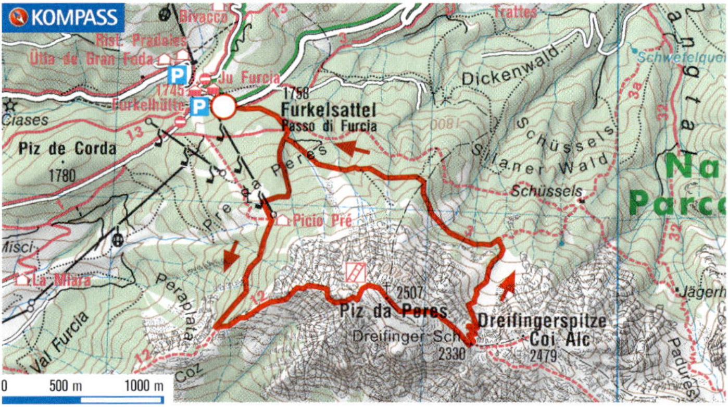

Dolomiten im Abendlicht; links Seekofel und Hohe Gaisl, rechts hinter dem Col de Riciogogn die Tofanagipfel.

Nr. 12 ab. Er steigt durch eine Waldschneise an, biegt dann nach rechts ab und führt flach hinüber zur Jausenstation **Ücia Picio Pre**. Vorbei an der **Bergstation** des Sesselliftes (2015 m) führt die gut markierte Spur weiter im Wald bergan, quert dann weitgehend flach hinaus zum Westgrat des Piz da Peres. Bei einem Wegkreuz (hübscher Rast- und Aussichtspunkt) stößt man auf den von St. Vigil heraufkommenden Steig. Er leitet im Zickzack hinauf zu den Felsen, dann geht's abwechslungsweise links oder rechts des Grates weiter bergan; zwei kürzere Passagen verlangen einen sicheren Tritt. Schließlich leitet die Wegspur in die Südflanke des Piz da Peres. Durch eine sandige Rinne und über einen Grashang erreicht man den Gipfel.

Der Abstieg führt über den breiten Ostrücken in die **Dreifingerscharte** (2330 m), wo nordseitig die Dreifingerlaine, ein recht steiles Geröllkar, in dem im Frühsommer meistens noch Schnee liegt. Im Zickzack bergab zu einem quer verlaufenden Weg, dem man nach links folgt (Tafel). Mit einer leichten Gegensteigung durch die Nordflanke des Piz da Peres, dann hinunter zu einer Forstpiste und auf ihr zurück zur **Furkel.**

Hochalmsee (2252 m)

Von der Dreifingerscharte aus empfiehlt sich ein Abstecher zu dem versteckt in einer Karmulde gelegenen Bergsee. Zugang über Weg Nr. 3, der ohne nennenswerte Höhenunterschiede die gesamte Südflanke der Dreifingerspitze quert und dann in Kehren zu dem lang gestreckten Gewässer absteigt; hin und zurück gut 1 Std.

Zur Lamprechtsburg

Zwischen Bruneck, Rienz und Reischach

Ausgangspunkt: Bruneck, Altstadtgasse. Großes Parkhaus unter dem neuen Rathaus.
Bahn/Bus: Bruneck ist Station der Bahnlinie Franzensfeste – Lienz in Osttirol.
Gehzeit: 2½ Std.
Charakter: Abwechslungsreiche Wanderrunde mit vielen historischen und naturkundlichen Sehenswürdigkeiten.
Einkehr: In Bruneck, auf der Lamprechtsburg und in Reischach.
Karte: KOMPASS Nr. 57.

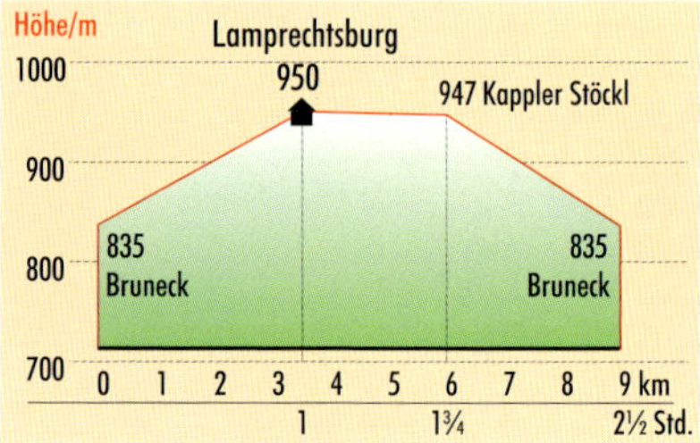

Dass Bruneck ein Städtchen mit Geschichte ist, verrät schon seine Silhouette mit den historischen Türmen der Pfarrkirche und des Schlosses. Letzteres krönt einen Hügel, und an seinen Fuß schmiegt sich der malerische alte Ortskern mit der schmucken Stadtgasse. Die lädt nicht nur ein zum Flanieren; sie ist auch eine (halbe) Einkaufsmeile mit vielem, was den Gaumen und/oder das Auge erfreut. Sehenswertes gibt es auch vor den Toren des Städtchens zu entdecken, an und über der Rienz, die sich hier tief in das weiche Brixner Quarzphyllit gegraben hat. Ein Lehrpfad (Broschüre im Tourismusbüro) informiert über naturkundliche Besonderheiten. So ist in der Rienzschlucht der Dachs heimisch, in der Schilfzone am Rand des Sternwaldeles wachsen Rohrkolben und Sonnentau.

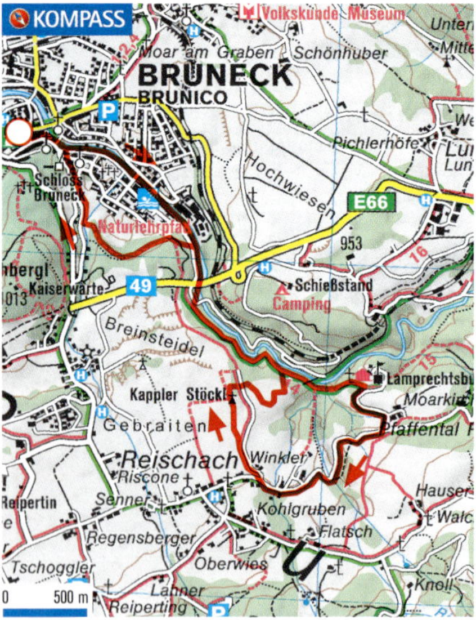

Von der Stadtgasse spaziert man durch **Oberra-**

Historisches Gemäuer: die Lamprechtsburg.

gen hinaus zur neuromanischen Pfarrkirche und weiter zum »Gallstöckl«, einer kleinen Kapelle. Eine große Infotafel markiert den Beginn des **Naturlehrpfads** entlang der bewaldeten **Rienzschlucht.** Auf breitem Weg wandert man in die Klamm, die von der Umfahrungsstraße in etwa fünfzig Metern Höhe überquert wird. An der Verzweigung unterhalb der Lamprechtsburg (950 m) links über die gedeckte Holzbrücke und hinauf zu der malerischen Anlage, die im Kern wohl aus dem späten 13. Jahrhundert stammt und besichtigt werden kann.

Anschließend auf einer Straße, ein paar Gräben querend, südwestlich nach **Reischach** (953 m) unter dem Kronplatz. Am Ortseingang rechts und auf breitem Feldweg über Wiesen zu dem frei stehenden **Kappler Stöckl** (947 m) mit schönem Blick auf den Zillertaler Hauptkamm. Weiter zum nahen Waldrand, wo man wieder auf den Lehrpfad stößt. Mit ihm entweder direkt zurück nach Bruneck oder rechts abwärts durch einen Graben zu der (bereits erwähnten) Holzbrücke.

Nun auf dem Herweg mit der Rienz zurück nach Oberragen. Bei der großen Infotafel des Lehrpfads links und am Rand des Sternwaldeles hinauf zum **Schloss Bruneck,** einer stattlichen Anlage, die ihre heutige Gestalt durch Um- und Ausbauten des 16. Jh. erhielt. Zuletzt vom Schloss hinunter zur **Stadtgasse** in Bruneck.

Kehlburg, 1187 m, und Amaten, 1260 m

Über dem Talkessel von Bruneck

Ausgangspunkt: Aufhofen (851 m), kleines Dorf nördlich von Bruneck.
Bahn/Bus: Ab Bruneck Bus nach St. Georgen und Dietenheim.
Gehzeit: Gesamt 4 Std.
Charakter: Lohnende Wanderrunde über dem Talkessel von Bruneck, auch Teilbegehungen möglich. Überwiegend komfortable, gut markierte Wege.
Einkehr: Gh. Amaten (ganzjährig), Gh. Oberraut (ganzjährig).

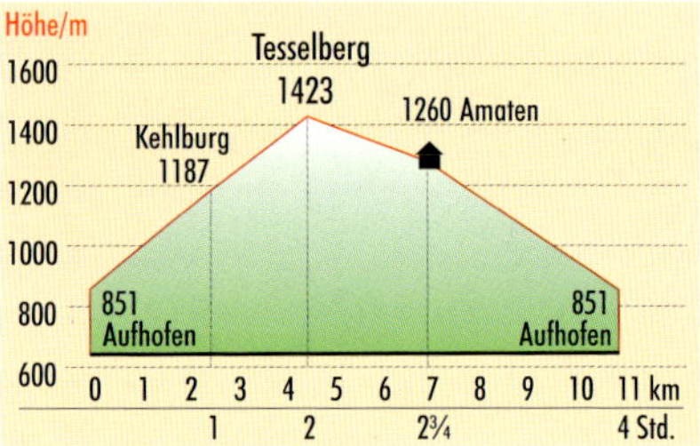

Karte: KOMPASS Nr. 57.

Unter den Wanderungen in der Umgebung von Bruneck zählt die Runde über Amaten zu den schönsten, bietet sie doch eine Vielzahl von Aus- und Tiefblicken, hinab zur Ahr, hinauf bis zum Alpenhauptkamm und tief in die Zauberwelt der Dolomiten. Den kulinarischen Höhepunkt beschert Amaten mit gleich zwei sehr empfehlenswerten Adressen: gastliches Südtirol.

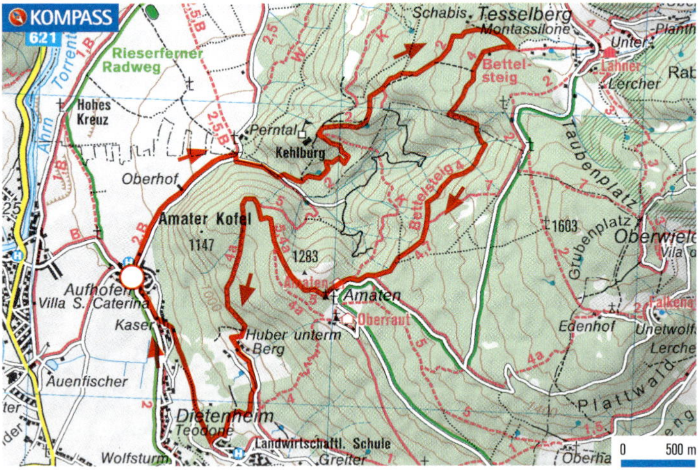

Die Wanderrunde startet auf Asphalt, führt von **Aufhofen** (851 m) sanft ansteigend zur Mündung des Bärentals. Hier rechts, dem Hinweis »Tesselberg« folgend, in den bewaldeten Graben, an der ersten Verzweigung links und auf einem Fahrweg in ein paar Schleifen hinauf zu der Ruine der **Kehlburg** (1187 m). Hier mit der Markierung 2 links ein paar Meter auf der Sandstraße, dann rechts aufwärts zu einer Forstpiste. Man folgt ihr in sanftem Anstieg, bis kurz vor **Tesselberg** (1470 m).

Am Waldrand (Wegkreuz) zweigt rechts spitzwinklig der bestens markierte »Bettelsteig« ab. Er quert, allmählich an Höhe verlierend, die steilen Waldhänge über dem innersten Bärental, wird zur breiten Spur und mündet wenig oberhalb von **Amaten** in die Asphaltstraße (1280 m). Man verlässt sie beim Gasthaus Amaten (1260 m) und wandert mit herrlich freier Sicht auf den Brunecker Talkessel (Weg 5) abwärts zu einer Geländeschulter über dem Eingang ins Bärental (alternativer Abstieg möglich). Hier verlässt man die Sandstraße nach links und folgt dem Weg, der im Rücken des Ameter Kofels (1147 m) hinabzieht zum Hof Huber unter dem Berg (1007 m).

Nun kurz auf der Asphaltstraße bergab, dann rechts zum Sportplatz von **Dietenheim.** Kurz vor der Anlage weist ein Schild nach **Aufhofen.** Mit hübscher Aussicht wandert man, vorbei an einem kleinen Friedhof, auf dem Opfer des Tiroler Freiheitskampfes (1809) bestattet wurden, zurück zum Ausgangspunkt der Runde.

Alte Mauern über dem Tauferer Tal: die Kehlburg.

Der Rammelstein, 2483 m

Auf einen Brunecker Hausberg

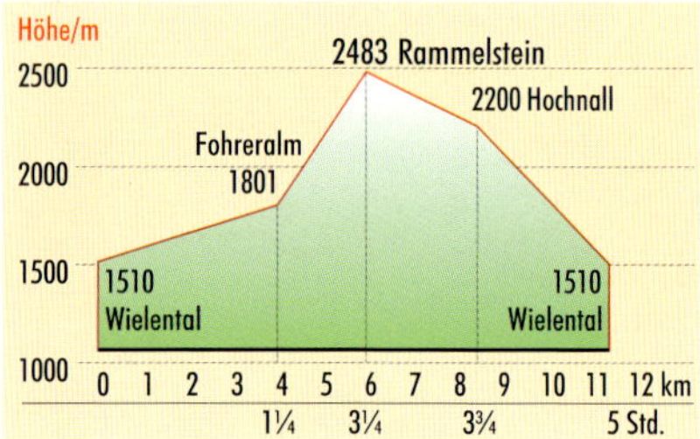

Ausgangspunkt: Oberwielenbach (1365 m) im unteren Wielental; Zufahrt von Percha (973 m), 5 km. Wanderparkplatz an der Straße ins Wielental (ca. 1510 m).
Bahn/Bus: Oberwielenbach hat keine Busverbindung!
Gehzeit: Aufstieg 3¼ Std., Abstieg 1¾ Std.; gesamt 5 Std.
Charakter: Beliebte Gipfelrunde, am Nordgrat des Rammelsteins Felsen und ganz leichte Kraxelstellen.
Einkehr: Lercheralm (Sommer) und Gönneralm (Anfang Juni bis Mitte Oktober).
Karte: KOMPASS Nr. 82.

Der Kronplatz mag der berühmteste Aussichtspunkt Brunecks sein, der schönste Berg ist er gewiss nicht. Sein ausgedehntes Gipfelplateau ist mittlerweile total verbaut, was naturgemäß das Panoramaerlebnis beeinträchtigt. Ganz anders der Rammelstein, der sich

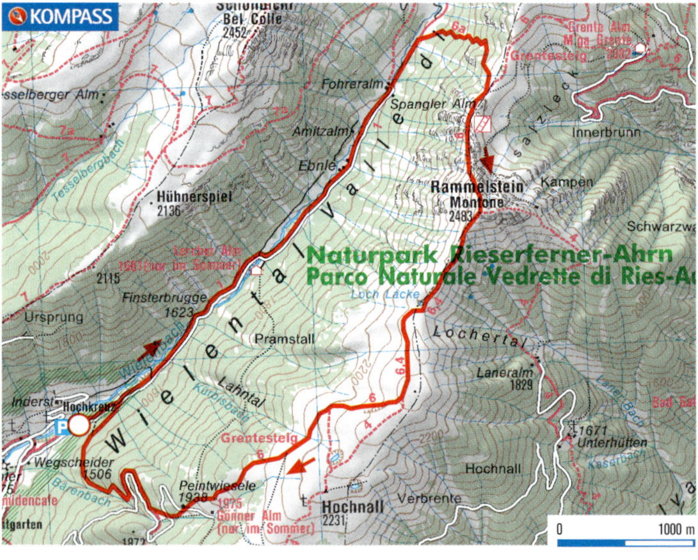

Bei der Tour über den Rammelstein hat man die Berge der Rieserfernergruppe im Blick.

zwischen den Tälern von Wielenbach und Antholz erhebt: ein felsiger Grat, weit und breit keine Seilbahn, keine Straße. Nur ein paar markierte Wege, die sich zu einer schönen, sehr aussichtsreichen Runde verbinden lassen.

Sie beginnt recht gemütlich, auf der Sandstraße, die sanft ansteigend ins **Wielental** führt. Bald schon kommt halbrechts der aus Tonalit aufgebaute Rammelstein ins Blickfeld; hinter der Fohreralm (1801 m) beginnt dann der eigentliche Aufstieg (Hinweis). Er führt über die steile, bewaldete Talflanke im Zickzack bergan, dann in längerer Rechtsquerung in die markante Gratsenke (2189 m) nördlich des Rammelsteins. Hier rechts bergan zu den Felsen und in die abschüssige Westflanke. Über Stufen (Sicherungen) steigt man an zu einer markanten Schulter. Nun links in blockigem Fels zu einem Durchschlupf und weiter zum Gipfel des **Rammelsteins** (2483 m). Der Abstieg verläuft südseitig, bietet dabei herrliche Ausblicke über den Brunecker Talkessel auf die Dolomiten. An der winzigen **Lochlacke** (2283 m) wechselt der »Grenzsteig« in die grasige, sanft abfallende Westflanke des Hochnall. Bei der **Gönneralm** (1975 m) mündet er in eine Sandstraße. Sie läuft in ein paar Schleifen durch den Graben des Bärenbachs hinab (Abkürzer), verlässt ihn dann nach links Richtung Platten.

Der Wanderweg folgt noch ein Stück weit dem Wasserlauf, biegt nach rechts ab und führt zurück ins **Wielental.** Wenig oberhalb des Parkplatzes mündet er in die Talstraße.

Auf den Bloßberg, 2619 m

Ein Adlerhorst über dem Tauferer Tal

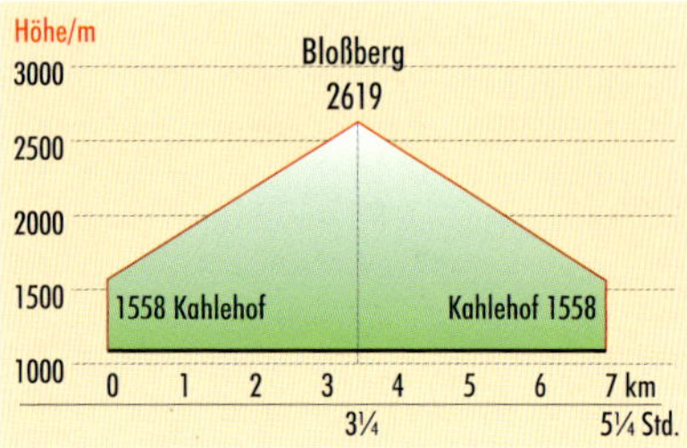

Ausgangspunkt: Kahlehof (1558 m) im Kahlbachtal; Anfahrt von Uttenheim (7,5 km). Kleiner Parkplatz an der Straße.
Bahn/Bus: Keine Busverbindung!
Gehzeit: Aufstieg 3¼ Std., Abstieg 2 Std.; gesamt 5¼ Std.
Charakter: Steiler Weg, zum Gipfel hin einige schrofige Passagen, die einen sicheren Tritt verlangen. Stimmungsvolle Aussicht vom Bloßberg (der eigentlich nur ein Gratausläufer der Windschar ist); einmalig die Tiefblicke!
Einkehr: Keine.
Karte: KOMPASS Nr. 82.

Wer auf den Bloßberg steigt, muss gut zu Fuß sein, darf weder steile Wege noch leicht abschüssige Felsflanken scheuen. »Hinauf!« heißt die Devise, und das gilt immerhin für gut eintausend Höhenmeter. Oben wird man dann durch eine Aussicht belohnt, die gleichermaßen Weite und Tiefe hat: gut 120 Kilometer fern blinkt der vergletscherte Ortler, 1800 Meter tiefer mündet die Ahr bei Bruneck in die Rienz.
Im Süden stehen die Dolomiten als vielzackige Silhouette, im Nordwesten bauen sich über dem

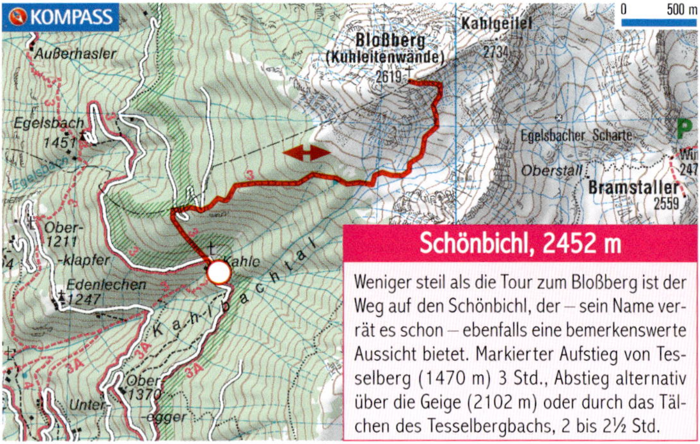

Schönbichl, 2452 m

Weniger steil als die Tour zum Bloßberg ist der Weg auf den Schönbichl, der – sein Name verrät es schon – ebenfalls eine bemerkenswerte Aussicht bietet. Markierter Aufstieg von Tesselberg (1470 m) 3 Std., Abstieg alternativ über die Geige (2102 m) oder durch das Tälchen des Tesselbergbachs, 2 bis 2½ Std.

Der Zillertaler Hauptkamm vom Bloßberg. Im Tal Mühlen in Taufers.

Tal der Ahr die höchsten Gipfel des Zillertaler Hauptkamms auf: von links Hochfeiler (3510 m), Großer Möseler (3479 m), Turnerkamp (3416 m), Schwarzenstein (3369 m), Großer Löffler (3378 m). Was für eine Schau!

Der mit 3 bezeichnete Gipfelweg startet steil, aber wenigstens schattig. Nach gut einer halben Stunde mündet er in eine Forstpiste, deren Kehren man in der Folge abkürzt. Dann wendet sich der Steig ins **Kahlbachtal.** Hoch an seiner Nordflanke gewinnt er kräftig an Höhe. An der Waldgrenze betritt man schließlich den großen Kessel im Talinnern. In ihm über Wiesen aufwärts, dann links vorsichtig über den Schrofenhang zur »Murmendelebar«.

Zu trinken gibt's leider nichts in der Murmeltierbar; wer schlau war, hat sich aber noch etwas Trinkbares für den nahen Gipfel des **Bloßberges** (den ein riesiges Kreuz ziert) aufgespart... Prost!

Abstieg nur auf dem Anstiegsweg; Übergang zum Kahlgeifel (2734 m) nicht ratsam!

Die »Murmeltierbar«.

Auf die Große Windschar, 3041 m

Ein Dreitausender am Rand der Riesenfernergruppe

Ausgangspunkt: Parkplatz am Sträßchen ins Mühlbachtal, etwa 1,5 km von Mühlbach. Zufahrten von Percha via Tesselberg und von Uttenheim. Wanderparkplatz.
Bahn/Bus: Keine Busverbindung.
Gehzeit: Aufstieg 4¼ Std., Abstieg 2¾ Std.; gesamt 7 Std.
Charakter: Großartige Gipfeltour für erfahrene Berggänger mit felsigem Finale. Gute Kondition ist unerlässlich, ebenso Erfahrung in weglosem Steilgelände (leichte Kletterpassagen, I).
Einkehr: Gasthaus Huber in Mühlbach (ganzjährig), Mühlbacher Badl.
Karte: KOMPASS Nr. 82.

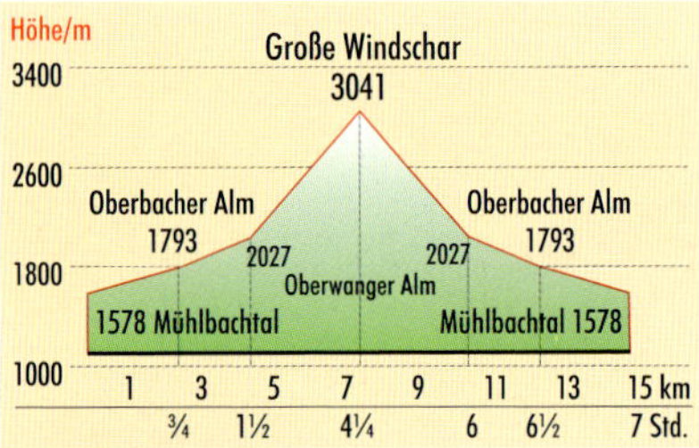

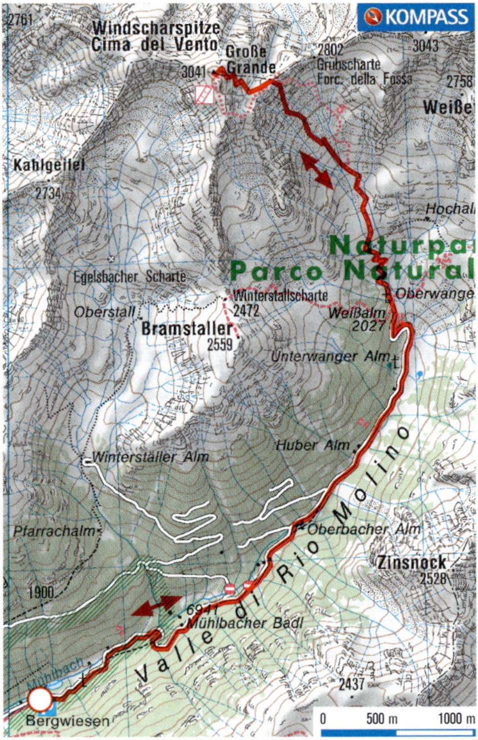

So manches ist relativ, auch bei den Bergen. Das gilt vor allem für Höhen bzw. Höhenunterschiede. Die Windschar gehört nicht zu den wirklich großen Gipfeln der Rieserfernergruppe, was ihre absolute Höhe angeht. Die Höhendifferenz zum Tal ist aber rekordverdächtig: fast 2200 Meter! Deshalb schaut man von der Großen Windschar auch nicht bloß

Schroffe Berge über dem innersten Mühlbachtal.

in die Ferne, sondern tief hinab in die Talfluren. Das fiel vor über hundert Jahren bereits einem Herrn Seyerlein auf, der nach einer Besteigung den »Blick zu den Stätten menschlicher Cultur, in Thäler und Ansiedlungen« besonders lobte.

Die lange Tour startet eher gemütlich; auf der Straße wandert man hinein ins Mühlbachtal, vorbei am ehemaligen **Mühlbacher Bauernbadl** mit einer originellen Kapelle aus dem 18. Jh. Hinter der Oberbacher Alm (1793 m) wird das Tal steiler, kommen schroffe Felsgipfel ins Blickfeld. Auf der **Oberwanger Alm** (2027 m) endet die Sandpiste; ein schmaler Pfad leitet weiter bergan, wobei die markante Senke der **Grubscharte** (2802 m) als Richtungsweiser dient. Rund hundert Meter unter dem Joch links (nicht geradeaus weitergehen!) zur Mündung einer steilen Rinne. Neben ihr im Zickzack über die gestufte Felsrampe in flaches Gelände. Quer über den Schotterboden zum Fuß des Gipfelaufbaus und über harmlose Schrofen zum Gipfel. – Abstieg auf dem gleichen Weg.

Reinbach-Wasserfälle

Stiebende Wasser über Sand in Taufers

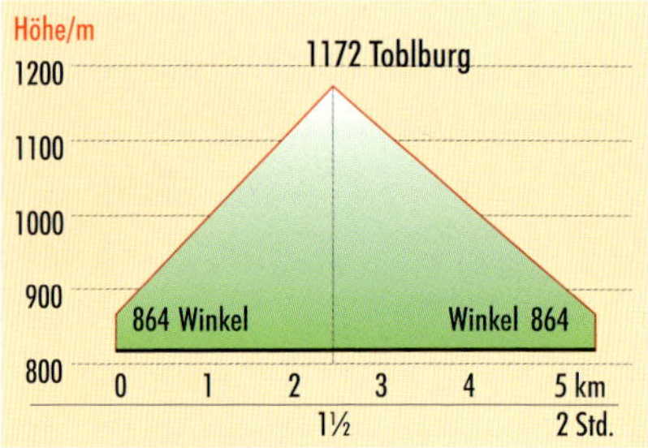

Ausgangspunkt: Winkel (864 m), Häusergruppe am Eingang ins Reintal, 1,5 km von Sand in Taufers.
Bahn/Bus: Linienbus Bruneck (Bahnhof) – Sand in Taufers.
Gehzeit: Aufstieg 1½ Std., Abstieg ca. ½ Std.; gesamt 2 Std.
Charakter: Interessante Runde an der Mündung des Reintals. Teilweise recht steil; am »Besinnungsweg« einige künstlerisch sehr ansprechend gestaltete Stationen (Motive aus dem Sonnengesang des Franz von Assisi). Lässt sich gut mit der Wanderung zum Hof Kofler zwischen den Wänden verbinden (Tour 17).
Einkehr: Toblhof (ganzjährig) an der Straße ins Reintal.
Karte: KOMPASS Nr. 82.

Zu den beliebtesten Ausflugszielen in der näheren Umgebung von Sand in Taufers gehören die Wasserfälle des Reinbachs, die in mehreren Kaskaden an der Mündung des Reintals herabstieben. Dass sie das heute noch tun, ist keine Selbstverständlichkeit, bestanden doch lange Zeit Pläne für einen großen Stausee im oberen Reintal, die das herrliche Wasser zum Versiegen gebracht hätte. Glücklicherweise wurden sie nie realisiert; mittlerweile liegt das gesamte Reintal innerhalb des Naturparks Rieserferner – Ahrn. Dafür wurde ein schöner Themenweg angelegt, der dem heiligen

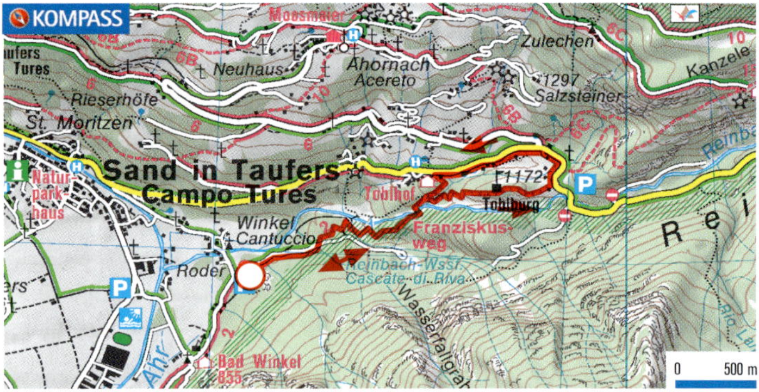

Franz von Assisi gewidmet ist und zum Nachdenken anregen soll. Dass der mittelalterliche Denker und Asket seit 1979 Patron des Umweltschutzes ist, passt ja ganz gut... (siehe oben)

Vom Parkplatz bei Winkel folgt man dem »**Besinnungsweg**« taleinwärts zum ersten Wasserfall, wo eine Skulptur die Bedeutung des Wassers für unser Leben verdeutlicht. An mehreren Stationen vorbei steigt der Themenweg weiter hinauf zur zweiten Kaskade, dann über einen Steilhang zum dritten und schönsten **Wasserfall** mit Beobachtungspunkt vor den stiebenden Wassern. Auf einer soliden Eisenbrücke überquert man die Klamm; an der folgenden Verzweigung rechts steil hinauf zu den Mauerfundamenten der **Toblburg** (1172 m). Von der Ruine leitet der »Klaraweg« zur Reintalstraße.

Man folgt ihr bergab zum Gasthaus **Toblhof** (1054 m), wo ein Schild zurück zu den Reintal-Wasserfällen weist. Auf der Eisenbrücke übers Wasser, dann wahlweise mit dem alten Wanderweg oder dem »Besinnungsweg« hinunter zum Parkplatz bei **Winkel.**

Stiebende Kaskaden: am obersten Reinbach-Wasserfall.

Kofler zwischen den Wänden, 1528 m

Bergbauernwelt

Ausgangspunkt: Tobl (1098 m) an der Verzweigung der Straßen nach Ahornach und Rein, 3,5 km von Sand in Taufers. Parkmöglichkeit in der Nähe.
Bahn/Bus: Busverbindung Sand in Taufers – Tobl.
Gehzeit: Aufstieg 1½ Std., Abstieg 1½ Std.; gesamt 3 Std.
Charakter: Spannende Runde über dem untersten Reintal; Aufstieg teilweise steil und felsig (Drahtseilsicherungen, Stiegen und Geländer). Man kann die Wanderung auch bei Sand in Taufers starten und über den »Besinnungsweg« aufsteigen (Tour 16).
Einkehr: Kofler zwischen den Wänden (ganzjährig) und in Ahornach.
Karte: KOMPASS Nr. 82.

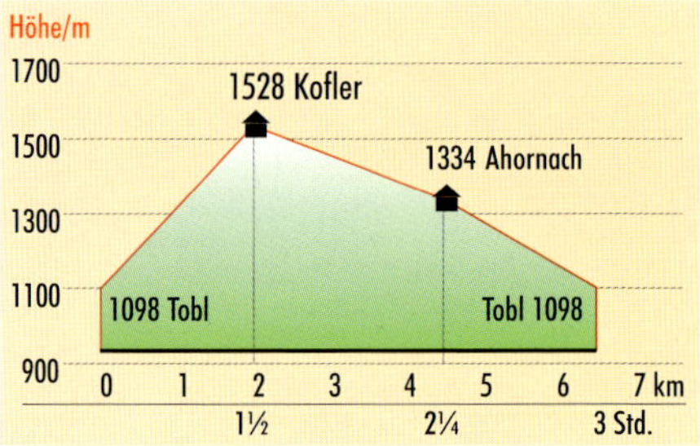

Angesichts der idyllisch-großartigen Bergkulisse übersieht man als Urlauber leicht, wie schwierig und entbehrungsreich das Leben von der Scholle hoch in den Alpentälern früher war: steile Hänge, karger Ertrag, lange Winter mit viel Schnee, oft auch Lawinen. So wie am Hof Kofler zwischen den Wänden, der seinen Namen zu Recht trägt, auch wenn er auf einem großen Wiesenfleck steht und nicht »auf einer Felsplatte, unter ihm, hinter ihm Wände und wildester Hochwald« (P. Tschurtschenthaler). Wer über den stei-

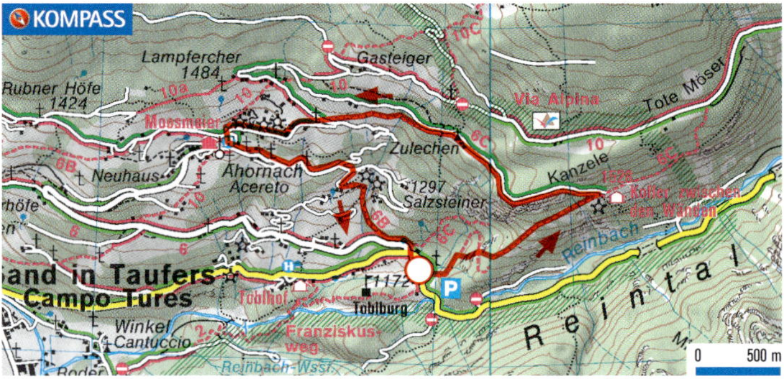

Bergbauernidylle mit Straßenanschluss: der Kofler.

len Weg hinaufsteigt zu dem Gehöft, bekommt zumindest eine Ahnung von den Härten der so genannten »guten alten Zeit«.
Heute ist der Kofler zwischen den Wänden ein beliebtes Wanderziel, und auf der Terrasse sitzt man gemütlich bei einer Marende, mit schönem Blick übers Tal.
Der Weg zum Kofler beginnt an der Straße ins Reintal, unweit der Abzweigung nach Ahornach. Ein Ziehweg (Hinweis) führt rechts in einen Graben, dann geht's über die felsige Bergflanke steil bergan. Stiegen und Geländer erleichtern den Anstieg, exponierte Passagen sind mit Drahtseilen versehen. Der Weg mündet auf einen Wiesenhang. Rechts schräg hinauf zum **Kofler zwischen den Wänden** (1528 m).
Der Rückweg führt hinaus zu den verstreuten Höfen von Ahornach. Auf der neuen Straße vom Kofler zunächst noch leicht steigend gegen das **Kanzele** (1674 m), dann mit freier Sicht auf den Talkessel von Sand, Straßenschleifen abkürzend, abwärts zur Pfarrkirche in **Ahornach** (1334 m). Nun mit der Markierung 6B hinunter zur Reintalstraße und zurück zum Ausgangspunkt der Runde.

Neveser Höhenweg

Im Vorfeld der Gletscher

Ausgangspunkt: Neves-Stausee (1860 m), schmale, mautpflichtige Zufahrt von Lappach, 5 km. Parkplätze am Ostufer des Sees.
Bahn/Bus: Busverbindung Sand in Taufers – Mühlwald – Lappach.
Gehzeit: Aufstieg zur Edelrautehütte 2¼ Std., Neveser Höhenweg 3 Std., Abstieg 1½ Std.; gesamt 6¾ Std.

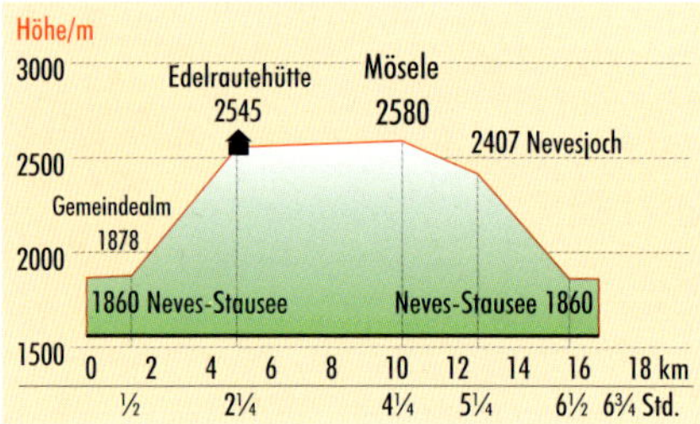

Charakter: Ausgedehnte Runde vor hochalpiner Kulisse, die neben Ausdauer auch einen sicheren Tritt verlangt.
Die Querung der Gletscherbäche kann an heißen Sommer-Nachmittagen problematisch sein (Notabstiege bezeichnet).
Einkehr: Edelrautehütte (Ende Juni bis Anfang Oktober), Chemnitzer Hütte (Nevesjochhütte; Mitte Juni bis Anfang Oktober).
Karte: KOMPASS Nr. 82.

Über dem Talschluss von Neves stehen einige der ganz großen Gipfel des Zillertaler Hauptkamms: Hoher Weißzint (3370 m), Großer Möseler (3479 m) und Turnerkamp (3416 m). Eine große Kulisse also, und starke Eindrücke vermittelt auch der »Neveser Hö-

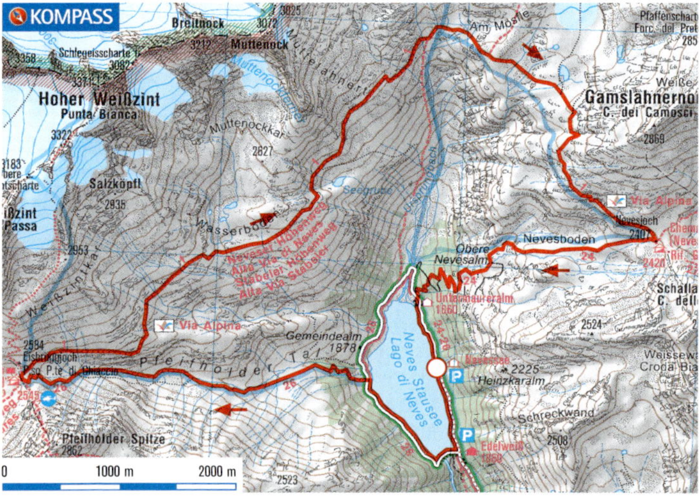

Das kann nasse Füße geben: Querung eines Gletscherbachs unter dem Nevesferner.

henweg«, obwohl er Abstand hält zu Gipfeln und Gletschern. Letztere sind seit Jahrzehnten auf dem Rückzug, der Große Möseler lässt sich fast schon »trockenen Fußes«, also ohne Eiskontakt, besteigen.

Nasse Füße gibt es dafür gelegentlich auf dem »Neveser Höhenweg«, wenn die Gletscher in der Sommersonne schwitzen und ihre Abflüsse anschwellen. Da kann es schon mal vorkommen, dass ihre Querung gefährlich wird; für diesen Fall gibt es zwischen der Seegrube und dem Ursprungtal zwei Abstiegsmöglichkeiten.

Die große Runde startet am **Neves-Stausee** (1860 m). Über die Staumauer ans Westufer, dann auf der Sandpiste bis zur Mündung des Pfeifholdertals. Hier links (Hinweis) und in lichtem Wald, später über Almböden hinauf ins **Eisbruggjoch** (2545 m), wo die **Edelrautehütte** steht. Sie ist westlicher Ausgangspunkt des Höhenwegs. Er quert, leicht an Höhe verlierend, die felsdurchsetzten Hänge unter dem Weißzintkar, biegt dann um gegen die Wasserböden. Richtig feucht wird's aber erst hinter der Seegrube, wo der Weg einen rauschenden Gletscherbach (Seilgeländer) passiert. Ganz hinten im Talschluss ist dann noch der Ursprungbach zu queren, was manchmal etwas heikel ist, dann steigt der **»Neveser Höhenweg«** in kurzen Kehren an zum Mösele (2580 m) mit schönem Blick auf den vergletscherten Gipfelkranz. Im Vorfeld des Nevesferners wandert man über Geröllböden; ein weiterer Gletscherbach (Brücke) wird gequert, dann steigt der Weg nochmals kurz an gegen den Gamslahner (2570 m). Dahinter sanft abwärts ins **Nevesjoch** (2407 m) mit der **Chemnitzer Hütte.**

Aus der Scharte geht es zunächst bergab in den Nevesboden, dann flach hinaus zur **Oberen Nevesalm** (2134 m). Nun wahlweise auf der in Kehren verlaufenden Erschließungsstraße oder auf dem Wanderweg hinunter zum **Neves-Stausee.** Auf der Uferstraße zurück zum Ausgangspunkt.

Der Vegetationsweg

Viel Aussicht, wenig Anstrengung

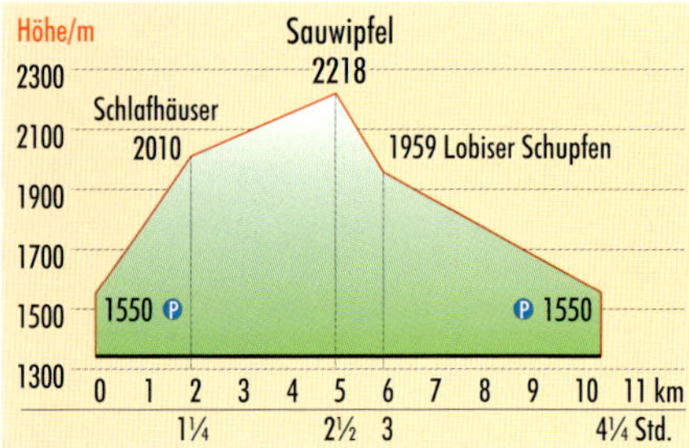

Ausgangspunkt: Parkplatz (1550 m) am Eingang in den Naturpark Rieserferner – Ahrn. Zufahrt von Sand in Taufers via Ahornach.
Bahn/Bus: Busverbindung Sand in Taufers – Ahornach.
Gehzeit: Aufstieg 1¼ Std., Vegetationsweg 1½ Std., Rückweg 1½ Std.; gesamt 4¼ Std.
Charakter: Lohnende Höhentour an der Sonnseite des tief eingeschnittenen unteren Reintals mit schöner Aussicht auf die teils vergletscherten Hochgipfel der Rieserfernergruppe (Hochgall, 3436 m).
Einkehr: Unterwegs keine.
Karte: KOMPASS Nr. 82.

Im Bereich der Durreckgruppe, die sich als lang gestreckter, mehrgipfliger Grat zwischen dem Ahrn- und dem Rein- bzw. Knuttental erhebt (Durreck, 3135 m), gibt es mehrere schöne Höhenwege, die an bzw. nur wenig oberhalb der Waldgrenze verlaufen. Einer von ihnen ist der »Vegetationsweg« an der Südflanke des Großen Moosstocks (3059 m); er bietet Aussicht auf die doch noch verhältnismäßig stark vergletscherte Nordfront der Rieserfernergruppe mit dem kantigen 3436 m hohen Hochgall als Blickfang. Am »Vegetationsweg« schöne Zirbenbestände und kleine Hochmoore. Die Runde startet mit dem überwiegend schattigen Anstieg vom Parkplatz (1550 m) zu den so genannten **Schlafhäusern;** bei den obersten dieser Hirtenhütten (2010 m) beginnt der **»Vegetati-**

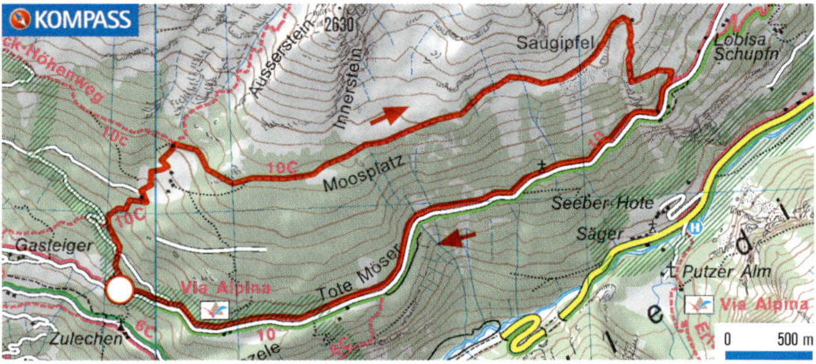

Alte Hirtenhütten vor weißen Bergen: die Schlafhäuser.

onsweg« (Tafel). Er steigt zunächst noch kräftig an, führt dann in leichtem Auf und Ab über ein paar Lichtungen zum Moosplatz (Hochmoore). Schöner Blick nach Süden in das V-förmige Gelttal; hinter den Gratausläufern des Schneebigen Nocks tritt der Hochgall immer beherrschender hervor. Am felsigen **Sauwipfel** (2218 m) gewinnt der Weg seinen Kulminationspunkt; wenig weiter, bei der Mayrhoferalm (2202 m), beginnt der Abstieg. Er führt hinunter zu einer Sandstraße; an ihr liegen wenige Gehminuten Richtung Rein die **Lobiser Schupfen** (1959 m), ein sehenswertes Ensemble von Alphütten (vor ein paar Jahren durch einen Lawinenabgang beschädigt, inzwischen aber originalgetreu wieder aufgebaut).

Der Rückweg führt westwärts, immer auf der breiten Piste, über das Tote Moos (1773 m) zurück zum Parkplatz.

Kofler zwischen den Wänden

Vom Toten Moos leitet ein markierter Weg abwärts zum Hof Kofler zwischen den Wänden (siehe Tour 17). Der lohnende Abstecher lässt sich gut mit der Runde über den »Vegetationsweg« verbinden; über Erschließungsstraßen kommt man wieder zurück zum Parkplatz bzw. nach Ahornach.

Zur Hochgallhütte, 2276 m

Aussichtsloge über dem Bachertal

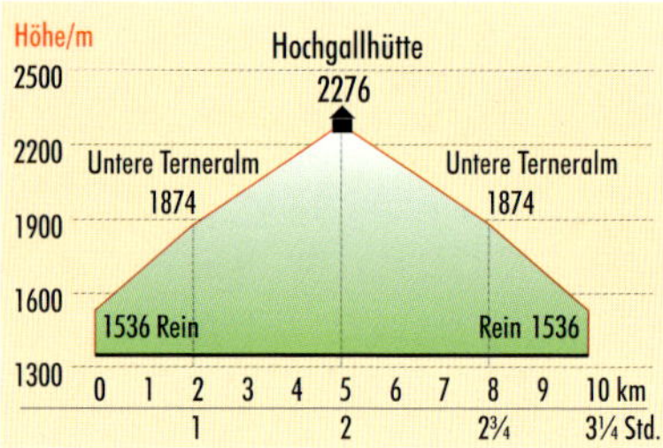

Ausgangspunkt: Rein (1598 m), winziges Dorf im gleichnamigen Tal. Großer Parkplatz unterhalb des Ortes.
Bahn/Bus: Linienbus Sand in Taufers – Rein.
Gehzeit: Aufstieg 2 Std., Abstieg 1¼ Std.; gesamt 3¼ Std.
Charakter: Beliebte Hüttenwanderung auf gutem Weg. Von der Hochgallhütte überschaut man fast das ganze Bachertal mit seiner hochalpinen, teilweise vergletscherten Gipfelumrahmung. Wer trittsicher ist, unternimmt von der Hütte den kleinen Abstecher zum Tristennöckl (2465 m).
Einkehr: Hochgallhütte (Mitte Juni bis Mitte Oktober).
Karte: KOMPASS Nr. 82.

Der Hochgall (3436 m), höchster Gipfel der Rieserfernergruppe, ist natürlich kein Wanderziel. Das macht schon der erste Blick von der Hochgallhütte in seine schroffdüstere Nordwestflanke mit ihren beiden zerklüfteten Gletschern deutlich: Hier sind Alpinisten gefordert, die sich in Fels und Eis gleichermaßen sicher zu bewegen wissen.
Völlig problemlos ist dagegen der Weg vom Dörfchen Rein hinauf zum Schutzhaus, das, 1893 von der Sektion Kassel des DAV errichtet, heute im Besitz des CAI ist. Als architektonisches Juwel möchte man das Haus nicht unbedingt bezeich-

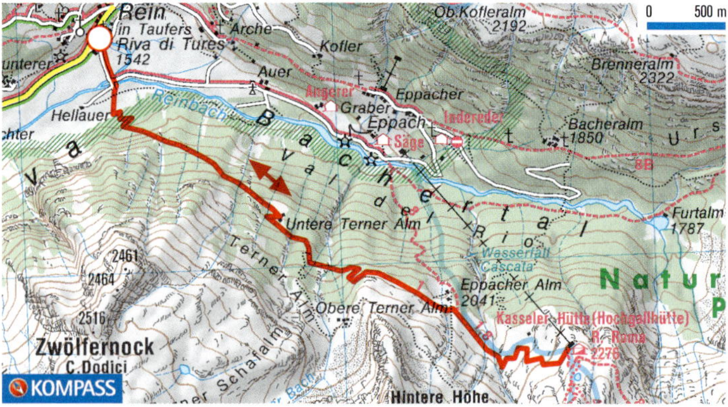

Ein beliebtes Wanderziel ist die Hochgallhütte.

nen, doch der Gedanke, dass hier in den achtziger Jahren des 20. Jh. ein Sommerskigebiet geplant war, mit Liften, Gletscherpisten und Hotels, versöhnt gleich wieder mit dem Zweckbau unter dem Tristennöckl. Und da ist ja noch der schöne Blick auf den höchsten Gipfel...

Der Hüttenweg führt vom **Parkplatz** (1536 m) im Talboden über den Bach und in den Wald. Nun überwiegend schattig an der Südflanke des Bachertals bergan, erst in ein paar Kehren, dann schräg über den Hang. Hinter der **Unteren Terneralm** (1874 m) geht's über den Terner Bach, der etwas höher über eine Felsstufe herabstiebt. Die Eppacher Alm (2041 m), auf die ein alternativer Zustieg von Eppach heraufkommt, bleibt links. Der nur mäßig steile Pfad quert den Tristenbach, den die Schmelzwasser des Rieserferners speisen, und steigt dann in ein paar Schleifen an zu der längst sichtbaren **Hochgallhütte** (2276 m).

Abstieg auf dem Anstiegsweg; »Hartdegen-Weg« siehe Tour 21.

Auf das Tristennöckl, 2465 m

Genau südlich über dem Hochgallhaus erhebt sich der Felszacken des Tristennöckls, in dessen Ostflanke der höchste Zirbenbestand der Ostalpen steht. Trotz der bescheidenen Höhe bietet der Gipfel eine sehr stimmungsvolle Rundschau.

Zugang von der Hochgallhütte, vorbei an der Lacke oberhalb des Schutzhauses (hier Wegzeiger). Auf einem schmalen Steig in Kehren bergan und unter der schroffen Nordwand nach rechts. Mit Drahtseilhilfe rund 30 Meter gerade aufwärts, dann links durch eine steile Rinne (Stufen) und über Schrofen zum kleinen Gipfel, 40 Min.

Arthur-Hartdegen-Weg

Rund ums Bachertal

Ausgangspunkt: Rein (1598 m), winziges Dorf im gleichnamigen Tal. Großer Parkplatz unterhalb des Ortes.
Bahn/Bus: Linienbus Sand in Taufers – Rein.
Gehzeit: Aufstieg 2 Std., »Hartdegen-Weg« 3¾ Std., Abstieg 1½ Std.; gesamt 7¼ Std.
Charakter: Große Wanderrunde in hochalpiner Kulisse, die einige Anforderungen an die Kondition stellt. Unter dem Riesernock gesicherte Passage, schöne Gletscherschliffe im Vorfeld des Rieserferners. Zwischenabstiegsmöglichkeit aus dem Talinnern (Ursprung, Gehzeit dann gut 6 Std.).
Einkehr: Hochgallhütte (Mitte Juni bis Mitte Oktober).
Karte: KOMPASS Nr. 82.

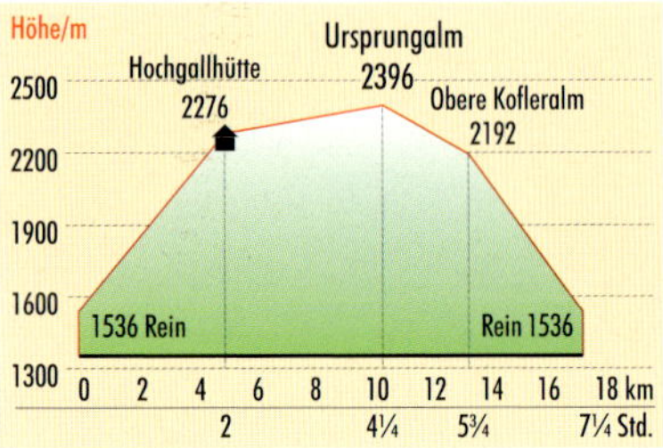

Die Runde ums Bachertal gilt zu Recht als schönste Wanderung im Bereich der Rieserfernergruppe. Zentrales Teilstück der großen Tour bildet der »Hartdegen-Weg«, ursprünglich Verbindung zwischen der Kasseler (heute Hochgall-)Hütte (2276 m) und der auf Osttiroler Gebiet stehenden Barmer Hütte (2591 m). Der hochalpine Übergang am Lenkstein (3237 m) ist allerdings erfahrenen Bergsteigern vorbehalten, die Runde ums Bachertal dürfen sich trittfeste und ausdauernde Wanderer aber durchaus zutrauen. Sie führt bis in den hintersten Talwinkel, der passenderweise Ursprung heißt, dann als große

Der »Hartdegen-Weg« über dem innersten Bachertal.

Aussichtspromenade vor der Parade des Rieserferner-Hauptkamms zurück nach Rein.

Die Tour beginnt auf dem Parkplatz bei **Rein,** führt überwiegend schattig an der Südflanke des Bachertals über die Untere Terneralm (1874 m) zur **Hochgallhütte** (2276 m; Tour 20).

Nun auf dem **»Hartdegen-Weg«** mit Aussicht auf den mächtigen Hochgall (3436 m) flach in das vom Eis gezeichnete Vorgelände des Rieserferners (Moränenwälle, Gletscherschliffe). Unter dem Riesernock biegt die markierte Spur nach Norden um und läuft oberhalb mächtiger Felsabbrüche quer durch die Westflanke des Bergstocks. Kettensicherungen helfen über eine gestufte Felsrampe, dann wandert man hinein in den innersten Winkel des Bachertals, in den **Ursprung.** Auf einer soliden Brücke über den vom Lenksteinferner gespeisten Ursprungbach, dann leicht bergan zur **Ursprungalm** (2396 m). Kurz zuvor zweigt links ein Zwischenabstieg nach Rein ab (Wegzeiger).

Die Fortsetzung der Tour ist eine einzige Aussichtswanderung; in leichtem Auf und Ab führt sie hoch an der Sonnseite des Bachertals über die Brenneralm (2322 m) zur **Oberen Kofleralm** (2192 m). Im Blickfeld hat man den gesamten Hauptkamm der Rieserfernergruppe, vom Lenkstein im Osten (3237 m) über Hochgall (3436 m) und Wildgall (3273 m) bis hin zum Schneebigen Nock (3358 m).

Der Abstieg nach **Rein** führt durch den Rastelwald hinunter ins Siedlungsgebiet und zurück zum Parkplatz.

Auf die Dreieckspitze, 3031 m

Ein Wander-Dreitausender

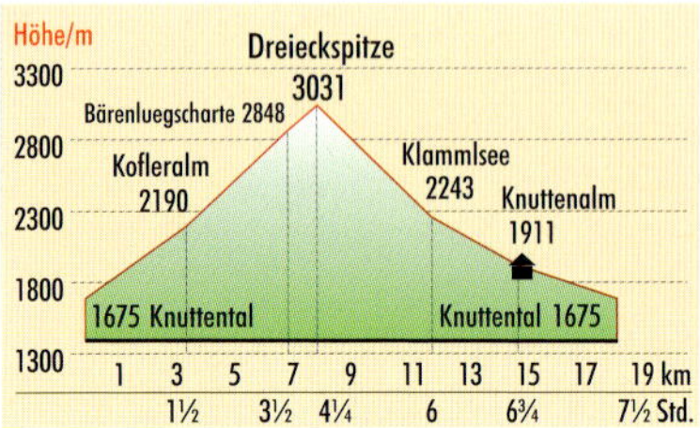

Ausgangspunkt: Wanderparkplatz (1675 m) am Eingang ins Knuttental. Zufahrt von Sand in Taufers via Rein (1598 m), 13 km.
Bahn/Bus: Busverbindung Sand in Taufers – Rein.
Gehzeit: Aufstieg 4¼ Std., Abstieg 3¼ Std.; gesamt 7½ Std.
Charakter: Hochalpine Gipfeltour, die Ausdauer und einen sicheren Tritt verlangt. Auch lohnend, wenn man den Abstecher von der Bärenluegscharte zur Dreieckspitze (hin und zurück etwa 1 Std.) auslässt.
Einkehr: Knuttenalm (Sommer).
Karte: KOMPASS Nr. 82.

Wandergipfel gibt es zwischen dem Ahrntal und dem Rieserferner-Hauptkamm nur wenige, die meisten Anstiege führen in Fels und Eis, sind auch weglos. Eine Ausnahme bildet die Dreieckspitze, ein richtiger Dreitausender, und einer mit herrlichem Panorama zudem. Ihre Besteigung lässt sich in eine Runde einbeziehen, die eine Fülle schönster Hochgebirgsbilder vermittelt; ein-

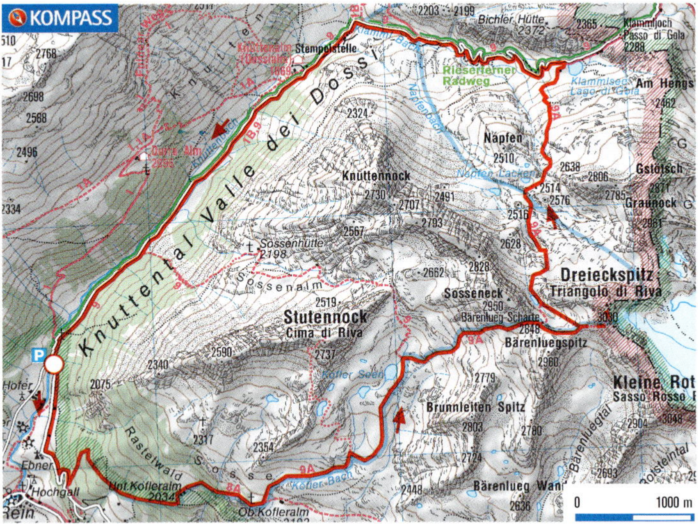

Wegkreuz am Aufstieg zu den Koflerseen.

malig die Schau nach Süden, auf den Hauptkamm der Rieserfernergruppe (Hochgall, 3436 m).
Die Tour startet auf Asphalt, führt vom Parkplatz erst flach zum Ebnerhof (1652 m), dann links (Wegtafel) im Rastelwald bergan zum großen Kreuz (2190 m) auf der **Kofleralm.** Hier links über Almböden weiter ansteigend zum oberen der beiden **Koflerseen** (2439 m). Den Talschluss bildet hier ein hoher Kamm, der im Soßeneck (2950 m) kulminiert; rechts davon zeigt sich der Einschnitt der **Bärenluegscharte** (2848 m). Man gewinnt sie in steilem, anstrengendem Aufstieg über einen langen Schrofenhang. Dahinter leitet eine Spur quer durch die verblockte Nordflanke der Bärenluegspitze in eine namenlose Senke (2874 m), dann links im Zickzack zur **Dreieckspitze** (3031 m). Vom Gipfel zurück in das Joch zwischen Dreieckspitze und Bärenluegspitze, dann aber nicht hinüber in die Bärenluegscharte, sondern gleich weglos durch die Karmulde abwärts. Bei einem Tümpel stößt man wieder auf die rot-weiße Markierung. Sie leitet über einen Schrofenhang und Moränenwälle eines längst verschwundenen Gletschers bergab zu den winzigen **Napflacken** (2514 m). Rechts über einen steinigen Rücken und im Zickzack auf gutem Weg hinunter zum **Klammlsee** (2243 m). Nun auf der Sandstraße, deren Schleifen sich abkürzen lassen, talauswärts zur Sommerwirtschaft auf der **Knuttenalm** (1911 m) und zurück zum Parkplatz am Eingang ins Knuttental.

Auf den Speikboden, 2517 m

Aussicht total

Ausgangspunkt: Michlreiser Alm (1958 m), Bergstation der Speikboden-Gondelbahn. Talstation an der Ahrntal-Straße, 2 km nördlich von Sand in Taufers.
Bahn/Bus: Linienbus Bruneck (Bahnhof) – Sand in Taufers – Liftstation. Die Michlreiser Gondelbahn ist Ende Juni bis Mitte September von 8.30 – 16.30 in Betrieb.
Gehzeit: Aufstieg 1¾ Std., Abstieg 1¼ Std.; gesamt 3 Std.

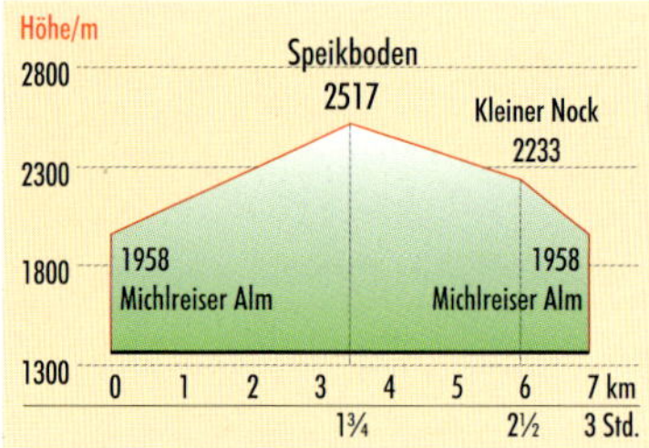

Charakter: Gipfelrunde auf guten Wegen. Vom Speikboden genießt man – dank seiner frei stehenden Lage – eine fantastische Rundschau: Zillertaler Hauptkamm, Rieserfernergruppe, Dolomiten, Pfunderer Berge.
Einkehr: Michlreiser Alm (während der Betriebszeit der Gondelbahn).
Karte: KOMPASS Nr. 82.

Es ist eine alte Bergsteigerweisheit, dass kleinere, recht unscheinbare Gipfel oft ein besonders schönes Panorama bieten. Es kommt halt auf die Lage an. Und damit kann der Speikboden allemal punkten – ein kurzer Blick auf die Landkarte beweist es: Im Norden stehen die firnbedeckten Dreitausender des Zillertaler Hauptkamms, im Süden reihen sich die Dolomitenzacken aneinander – was für ein Kontrast! Da verwundert es nicht, dass bereits 1876 südlich unter dem Gipfel ein Schutzhaus errichtet wurde, die Sonklarhütte. Sie ist allerdings längst verfallen; bloß noch ein paar Mauerfundamente erinnern an das Schutzhaus.
Die Tour startet auf der **Michlreiser Alm** (1958 m). Den rot-weißen Markierungen folgend, steigt man

Speikboden-Südanstieg

Der Speikboden lässt sich auch von Süden, aus dem Mühlwalder Tal, auf markierten Wegen besteigen. Anfahrt von Mühlwald zu den Höfen am Mitterberg (Pieterstein, 1623 m). Aufstieg über die Weizgruber Alm (2032 m; im Sommer bewirtschaftet) und das Mühlwalder Jöchl (2342 m), Abstieg via Pietersteiner Alm (1980 m), insgesamt 5½ Std.

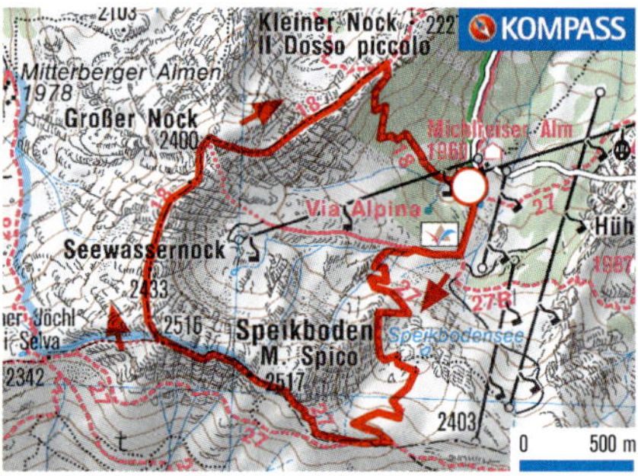

Der Zillertaler Hauptkamm vom kleinen Speikbodensee aus. Rechts der Schwarzenstein.

zunächst über die breite Skipiste an. Unter dem Nordostgrat des Speikbodens beschreibt der Weg einen weit ausholenden Bogen, ehe er den winzigen **Speikbodensee** (2280 m) anpeilt. Weiter neben der neuen Skipiste, die leider auch den See tangiert, zur Grathöhe (2387 m; Wegzeiger), hier rechts haltend am zuletzt felsigen Kamm zum **Speikboden** (2517 m).
Der Weiterweg führt uns mit sanftem Zwischenabstieg hinüber zu dem fast gleich hohen Westgipfel (2516 m), wo er dann nach Norden umbiegt zum **Seewassernock** (2433 m). Dahinter leitet der schön angelegte Plattenweg absteigend in die felsige Südostflanke des Großen Nock (2400 m) und hinaus zu seinem lang gestreckten Nordostgrat.
Mit einigem Auf und Ab über ein paar felsige Kuppen zu der Weggabelung unter dem **Kleinen Nock** (2227 m) mit prächtiger Aussicht zum Zillertaler Hauptkamm. Rechts über den steilen Geröllhang hinunter und durch lichten Wald zurück ins Skirevier und zur Seilbahnstation auf der **Michlreiser Alm.**

Über die Gelenkscharte, 2724 m

Große Runde unter dem Zillertaler Hauptkamm

Ausgangspunkt: Weißenbach (1334 m), Dorf im gleichnamigen Tal, 5 km von Luttach.
Bahn/Bus: Bus Luttach – Weißenbach.
Gehzeit: Aufstieg 4¼ Std., Abstieg 3 Std.; gesamt 7¼ Std.
Charakter: Ausgeprägt hochalpine Tour, die Bergerfahrung voraussetzt. Im Bereich der Gelenkscharte muss im Frühsommer mit harten Altschneefeldern gerechnet werden; Leichtsteigeisen und Teleskopstöcke sind dann vorteilhaft.

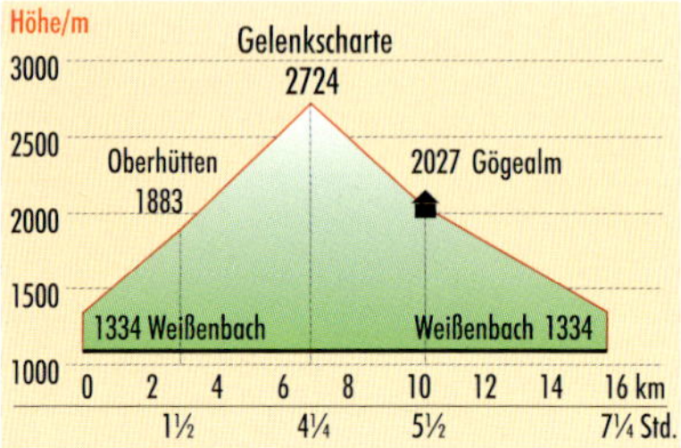

Einkehr: (im Sommer) Gögealm, Tratteralm.
Karte: KOMPASS Nr. 82.

Ganz nahe heran an den Hauptkamm der Zillertaler Alpen führt diese Tour, und entsprechend hochalpine Eindrücke vermittelt sie: wilde, felsumstandene Hochkare, schroffe Gipfel, manche eisgepanzert wie der Turnerkamp (3416 m). Einen starken Kontrast dazu setzt das malerische Mitterbachtal, über dessen Hintergrund die Hornspitzen (3221 m) in den blauen Himmel stechen. Eine große Wanderrunde mit – wie passend! – zwei Einkehrmöglichkeiten am Abstiegsweg durch das Trattenbachtal. Da kann man bei einer deftigen Brotzeit die Batterien wieder aufladen und gleichzeitig Rückschau halten auf einen erlebnisreichen Bergtag.

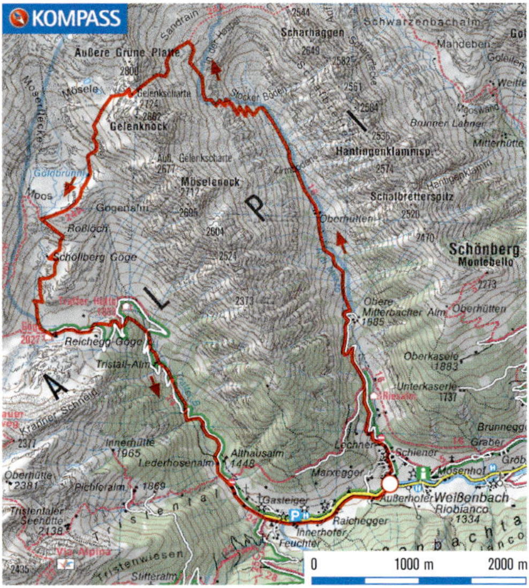

Der »Stabeler-Hö-

Felsige Passage im Aufstieg zur Gelenkscharte.

henweg«, dem man über die Gelenkscharte folgt, ist übrigens nach einem aus Sand in Taufers stammenden Bergführer benannt, der eigentlich Johann Niederwieser hieß. Er war Erstbesteiger eines der drei südlichen Vajolettürme im Rosengarten (Stabelerturm).

Die große Tour führt von Weißenbach ins stille **Mitterbachtal,** zunächst auf einer Sandstraße, deren Kehren sich abkürzen lassen. Hinter der Mitterbacher Alm (1618 m) wird aus der Piste ein schmaler Pfad, der über eine ruppige Geländestufe zu den **Oberhütten** (1883 m) ansteigt.

Weiter taleinwärts passiert man den felsübersäten Zirmboden; am Stockerboden quert der Weg den Mitterbach nach links, um dann im Zickzack zwischen Felsabbrüchen anzusteigen (Sicherungen).

Im Hochkar Sandrain (2453 m) stößt man auf den **»Stabeler-Höhenweg«,** der vom Schwarzenbachtörl herüberkommt. Mit ihm sanft ansteigend zum Felsfuß (Achtung: Steinschlaggefahr!), dann steil auf einen Buckel und im Zickzack in die **Gelenkscharte** (2724 m).

Jenseits leiten die Markierungen über Blockwerk und Schrofen bergab zu den steinigen Wiesen des Mösele; dabei genießt man freie Sicht auf den Turnerkamp (3416 m). Weiter über einen grünen Rücken hinunter in den flachen Boden des Mooses mit seinen mäandernden Wasserläufen. Hier verlässt man den »Stabeler-Höhenweg«, der weiterführt ins Nevesjoch, und steigt südlich ab zu der im Sommer bewirtschafteten **Gögealm** (2027 m). Nun auf der Sandstraße, ihre Schleifen teilweise abkürzend, durch das Trattenbachtal hinunter und hinein nach **Weißenbach.**

Kreuzkofel, 2420 m

Aussichtswarte über dem Ahrntal

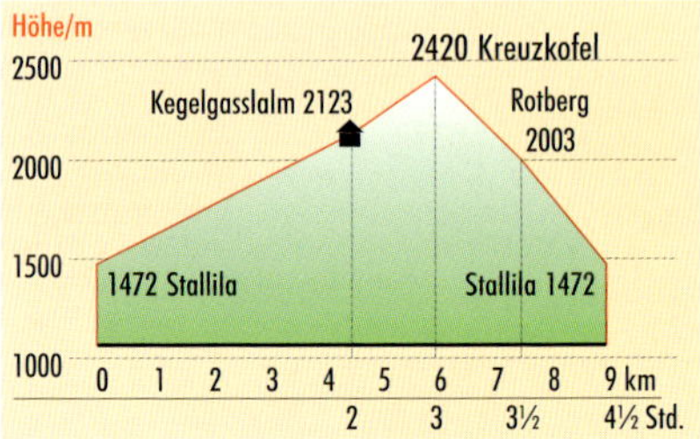

Ausgangspunkt: Berggasthof Stallila (1472 m) am Eingang ins Rotbachtal, Anfahrt von St. Johann 5 km. An Schönwettertagen im Sommer Parkprobleme!
Bahn/Bus: Busverbindung Bruneck (Bahnhof) – Sand in Taufers – St. Johann.
Gehzeit: Aufstieg 3 Std., Abstieg 1½ Std.; gesamt 4½ Std.
Charakter: Abwechslungsreiche Wanderrunde zwischen dem Trippach- und dem Rotbachtal, die nicht unterschätzt werden darf. Schrofen und leichte Felsen am Kreuzkofel, zwei gesicherte Passagen am Gratweg zum Rotberg und ein extrem steiler Abstieg (Teleskopstöcke!) zur Stallila verlangen absolute Trittsicherheit. Bei Nässe nicht empfehlenswert!
Einkehr: Berggasthof Stallila (ganzjährig), Kegelgasslalm (20. Juni bis Ende September).
Karte: KOMPASS Nr. 82.

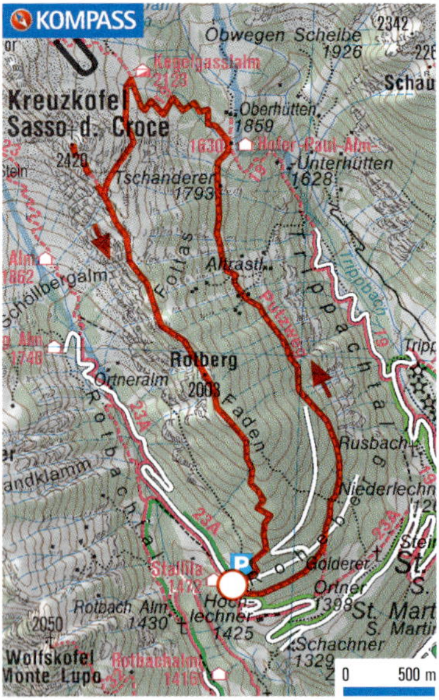

Ein großer Gipfel ist er nicht, der Kreuzkofel (2420 m), bloß eine felsige Kuppe in dem lang gestreckten Rücken, der sich zwischen Trippbach- und Rotbachtal erhebt und über die Trippachschneide mit dem Hauptkamm der Zillertaler Alpen verbunden ist. Das sollte aber niemand von einem Abstecher zum Kreuzkofel abhalten, bietet er doch eine sehr stimmungsvolle, kontrastreiche Rundschau. Besonders schön ist der Blick zum Großen Löffler (3378 m), einer der markantesten Erhebungen der Zillertaler Alpen: grauer Fels und blankes Eis hoch über dem grünen Ahrntal. Grau dominiert am fernen südlichen Horizont, wo sich einige Dolomitenzacken zeigen.

Fern am südlichen Horizont stehen die Dolomitenzinnen.

Die Wanderrunde startet schattig, führt in sanftem Anstieg (»Putzweg«) um den Rohrberg herum ins **Trippachtal.** Bald einmal zeigt sich die elegante Firnpyramide des Großen Löffler; im Almbereich mündet der Zustieg von St. Johann. Mit ihm hinauf zur hübsch gelegenen **Kegelgasslalm** (2123 m). Links an der Hütte vorbei und in steilem Zickzack in eine Mini-Scharte, dann flach zum Südostgrat des **Kreuzkofels,** wo rechts der Gipfelsteig abzweigt (Hinweis). Den Markierungen folgend zum höchsten Punkt.
Zurück zur Verzweigung, dann dem lang gestreckten Rücken entlang (zwei felsige, gesicherte Passagen) mit schöner Aussicht übers Ahrntal hinaus zum Rotberg (2003 m). Am Faden (1915 m) wird aus dem Höhen- ein Abstiegsweg; die guten Markierungen leiten im Wald zunehmend steiler hinunter zur **Stallila.**

Wolfskofel, 2050 m

Noch ein schöner »Guck-ins-Land« über dem Ahrntal. Aufstieg von der Jausenstation Großstahler (1216 m) markiert, teilweise sehr steil, an den Gipfelfelsen gesichert, 2½ Std. Den Ausgangspunkt erreicht man von Oberluttach (967 m) über eine asphaltierte Zufahrt.

Zum Waldner See, 2338 m

Unter dem Zillertaler Hauptkamm

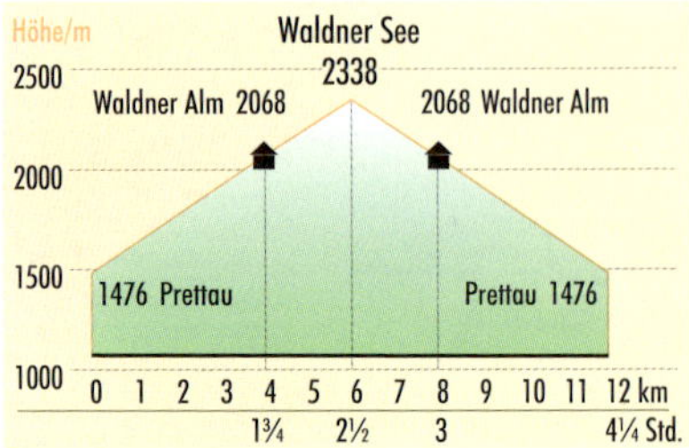

Ausgangspunkt: Prettau (1476 m) im inneren Ahrntal.
Bahn/Bus: Linienbus Bruneck (Bahnhof) – Sand in Taufers – Prettau.
Gehzeit: Aufstieg 2½ Std., Abstieg 1¾ Std.; gesamt 4¼ Std.
Charakter: Teilweise steile Alm- und Seewanderung; vom Waldner Eggen schöne Aussicht auf große Teile des Ahrntals. Wer's lieber etwas gemütlicher mag, umgeht den Steilanstieg durch den Wiesergraben auf einer Almstraße.
Einkehr: Waldner Alm (Anfang Juli bis Anfang Oktober).
Karte: KOMPASS Nr. 82.

In den Karwinkeln unterhalb des Zillertaler Hauptkamms liegen mehrere Bergseen, meist nur kleine Lacken zwischen Geröll und Bergsturztrümmern. Der größte ist mit einer Fläche von knapp sieben Hektar der Waldner See (2338 m), keine drei Gehstunden vom Talort Prettau und deshalb ein beliebtes Ausflugsziel.
Die Tour beginnt in **Prettau** (1476 m), führt zunächst auf einer Asphaltstraße zu den Häusern am Hang, dann hinauf zum Waldrand und rechts über den Wieserbach. Jenseits der Brücke zweigt links

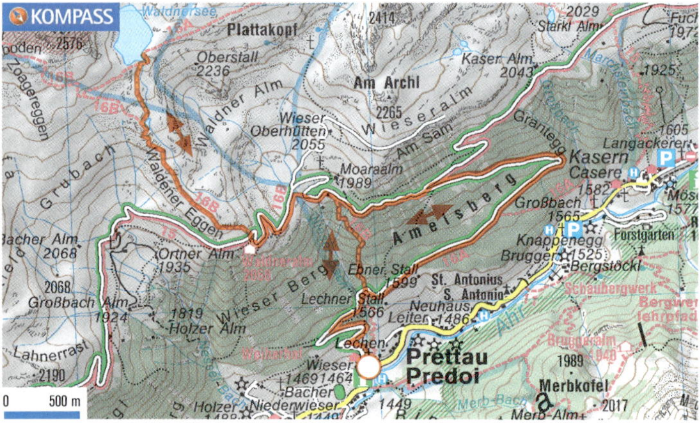

Dreiherrnspitze (3499 m) und Rötspitze (3495 m) vom Waldner See.

der mit 16B markierte Anstieg durch den Graben des Wieserbachs ab – eine echte »Direttissima«. Als Alternative bietet sich die Sandstraße an, die am Ameisberg eine weit ausholende Schleife beschreibt. Wenig unterhalb der **Wieseralm** kommen die beiden Wege zusammen; knapp eine halbe Stunde höher liegt an der Straße die Jausenstation **Waldner Alm** (2068 m).
Dahinter führt ein gut markierter Weg über den abgerundeten Rücken des **Waldner Eggen** bergan zu einem Kreuz, dann mit einem kleinen Waal (künstlicher Wasserlauf) zu einer Verzweigung. Hier hält man sich halbrechts und steigt über einen steinigen Hang an zum **Waldner See** (2338 m). Rund um das Gewässer, das in einer Mulde unter den schroffen Seewänden (2619 m) liegt, finden sich schöne Rastplätze.
Abstieg auf dem Anstiegsweg.

Hundskehljoch, 2559 m

Im Bereich des oberen Ahrntals gibt es mehrere Übergänge in die benachbarten Nordtiroler bzw. Salzburger Täler, die seit alters her benützt werden. Neben dem Krimmler Tauern (2633 m) und dem Heiliggeistjöchl (2662 m) ist das Hundskehljoch zu nennen, Verbindung mit dem Zillergrund. Vom Waldner See steigt man in weniger als einer Stunde hinauf zu der Scharte im Hauptkamm der Zillertaler Alpen, übrigens der niedrigsten östlich des Pfitscher Jochs (2251 m) nach dem kaum begangenen Hörndljoch (2553 m). Schöner Blick nach Norden durchs Hundskehlgründl.

Zur Rötalm, 2116 m

Auf den Berg oder in den Berg

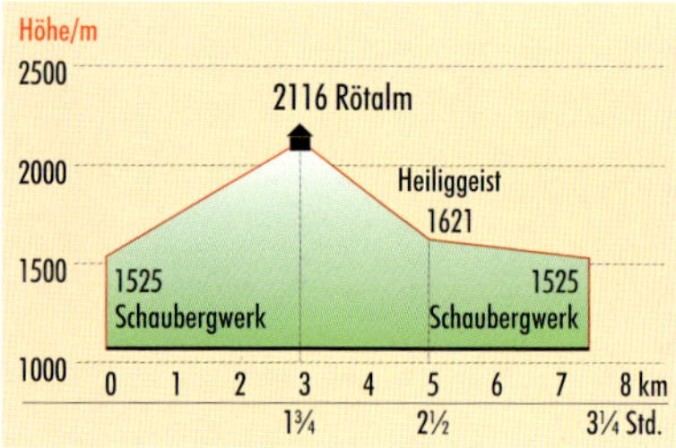

Ausgangspunkt: Parkplatz beim Schaubergwerk Prettau (1525 m), Zufahrt von Prettau auf der Talstraße 1,5 km.
Bahn/Bus: Buslinie Bruneck (Bahnhof) – Sand in Taufers – Prettau – Kasern.
Gehzeit: Aufstieg 1¾ Std., Abstieg 1½ Std.; gesamt 3¼ Std.
Charakter: Halbtagswanderung auf teilweise recht steilen Wegen (Abstieg), deshalb bei Nässe nicht ratsam. Lässt sich gut mit einem Besuch des Schaubergwerks verbinden. Der Lehrpfad hinauf zum Rötkreuz ist mit zwei gekreuzten Hämmern markiert.
Einkehr: Rötalm (Sommer).
Karte: KOMPASS Nr. 82.

Im hinteren Ahrntal kann man nicht nur auf Berge steigen, sondern auch einfahren ins Bergesinnere, mit einer Grubenbahn in den St.-Ignaz-Stollen. Er ist ein Überbleibsel des historischen

Ein kühler Schluck aus der Flasche: auf der Rötalm.

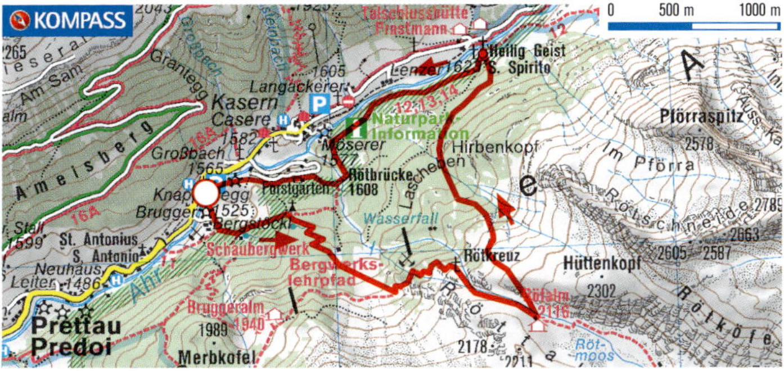

Kupferbergbaus bei Prettau, der im Jahr 1479 erstmals urkundlich erwähnt wurde, möglicherweise aber sogar prähistorische Wurzeln hat. Zeitweise war der Abbau so ergiebig, dass die Konkurrenz im Nordtiroler Schwaz, die um ihre Absätze fürchtete, beim Landesfürsten Sigmund ein Schürfverbot erwirkte. Die Wanderung hinauf zur Rötalm lässt sich gut mit einem Besuch des Schaustollens kombinieren.

Der Anstiegsweg ist bis zum Rötkreuz als Lehrpfad gestaltet und führt an mehreren Stolleneingängen (Mundlöcher) vorbei. Im Bereich des obersten Stollens tritt der Kupfererzkörper zutage (Ausbiss); hier dürften die ersten Schürfversuche stattgefunden haben.

Die Rundtour startet beim **Museumsgebäude** (Eingang zum St.-Ignaz-Stollen), führt ansteigend in den Wald und weiter zum **Bergstöckl** (1674 m), wo ein Zustieg von Kasern mündet. Weiter mit dem Lehrpfad bergan, vorbei an Abraumhalden und Stollenlöchern. Links stiebt der Rötbach über eine Felsstufe herab (mark. Abstecher); rechts kommt ein Weg von der Bruggeralm herüber. Der Lehrpfad endet beim **Rötkreuz** (2080 m), das den Eingang ins Röttal markiert. Nun neben dem Bach flach zur **Rötalm** (2116 m). Prachtblick auf die Rötspitze (3495 m) mit ihrer vergletscherten Westflanke. Der rot-weiß markierte Abstieg führt zunächst rechts des Rötbachs talauswärts, dann über Wiesen in eine Steilrinne. Durch sie recht vorsichtig (Rutschgefahr) abwärts auf einen Geröllhang, dann in den lichten Lärchenwald und zwischen den Bäumen dann hinunter zum Kirchlein **Heiliggeist** (1621 m). Der Bau aus dem 15. Jh. – ein beliebtes Fotosujet – lehnt sich an einen mächtigen Felsblock; er bewahrt kostbare Fresken aus spätgotischer Zeit.

Nun nicht über die **Ahr,** sondern links des Flusses auf gutem Weg schattig talabwärts. Eine solide Brücke führt über den Rötbach; anschließend spaziert man vorbei am Forstgarten Prettau zum Knappenberg und über einen Wiesenhang zurück zum Parkplatz beim **Schaubergwerk.**

Die Erdpyramiden von Platten

Natur als Künstlerin

Ausgangspunkt: Gasthof Neuhaus (975 m) in Unterwielenbach, an der Pustertaler Straße.
Bahn/Bus: Linienbus Bruneck – Percha – Olang.
Gehzeit: 3½ Std. für die Runde.
Charakter: Halbtagswanderung auf ordentlichen Wegen, abschnittweise auch auf Straßen.
Einkehr: Niedristhof in Aschbach, Gasthof Schönblick in Platten.
Karte: KOMPASS Nr. 57.

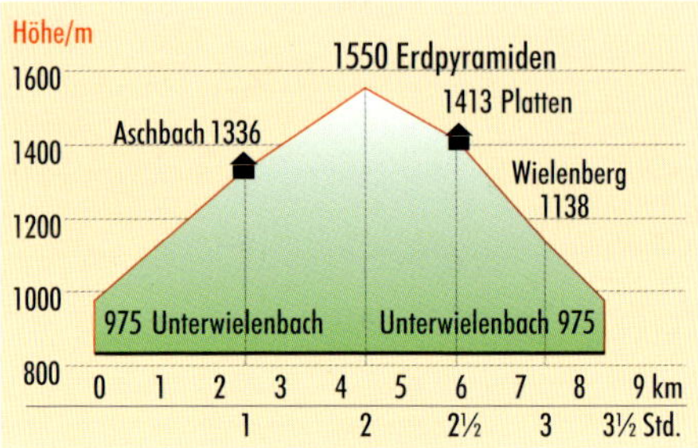

Erdpyramiden kann man in Südtirol an mehreren Stellen begegnen; die bekanntesten stehen am Ritten und bei Schloss Tirol.
Die bizarren Türme sind ein Erbe der Eiszeitgletscher. Sie entstehen durch Erosion; wo ein Stein oder Felsblock die Auswaschung des Moränenschutts verhindert, wächst ein Turm, der nach und nach höher und schlanker wird – bis er schließlich seine »Mütze« verliert. Sehenswürdigkeiten mit Verfallsdatum also.

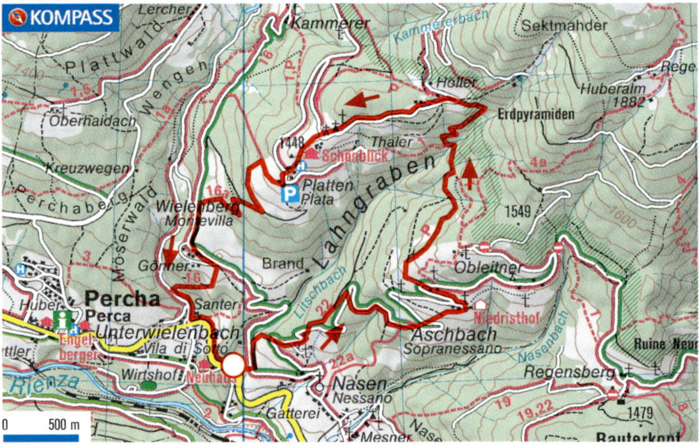

Art natur: die bizarren Erdpyramiden von Platten.

Im Lahngraben bei Platten stehen ein paar Dutzend Erdpyramiden, von Oberwielenbach aus über eine Straße bequem erreichbar. Lohnender ist eine Rundwanderung aus dem Pustertal hinauf zu den fotogenen Gebilden. Dazu gibt's dann vom Weg hinüber nach Platten auch noch prächtige Fernblicke auf die Dolomiten.

Die Runde beginnt an der viel befahrenen Pustertaler Straße, beim **Gasthof Neuhaus** (975 m).

Zunächst über den Litschbach, dann links mit der Mark. 22, die weiten Schleifen der geteerten Straße abkürzend, hinauf zu den Häusern von **Aschbach** (1336 m). Auf gutem Weg hinein in den Lahngraben, dann über den Litschbach und am Rand des Abbruchs (Geländer) im Zickzack hinauf bis zu den obersten **Pyramiden.** Wenig weiter mündet der Weg in eine Asphaltstraße. Sie läuft sanft bergab zum Nockerhof (1477 m), wo ein Hohlweg beginnt, über den man nun rasch **Platten** (1413 m) erreicht. Der Weiler erfreut sich einer besonders aussichtsreichen Lage hoch über dem Pustertal, das man fast bis zu seiner Mündung überschaut. Im Süden sehr schön die Gipfel der Pragser Dolomiten.

Der weitere Abstieg führt über **Wielenberg** (1138 m) hinunter nach Unterwielenbach, wo man auf die Talstraße stößt. Auf ihr kurz links zum **Gasthof Neuhaus.**

29

Almerhorn, 2986 m

Große Runde unter dem Hochgall

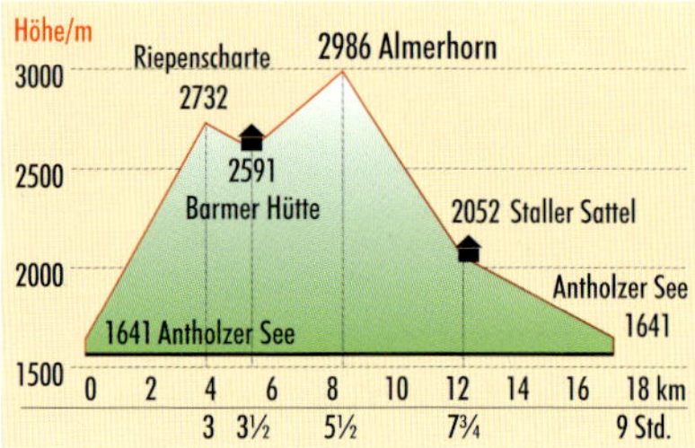

Ausgangspunkt: Parkplatz vor dem Antholzer See (1641 m); Anfahrt vom Pustertal via Antholz, 16 km.
Bahn/Bus: Bus bis Antholzer See.
Gehzeit: Aufstieg zur Riepenscharte 3 Std., Übergang zum Almerhorn 2½ Std., Abstieg 3½ Std.; gesamt 9 Std.
Charakter: Anstrengende Runde an der Südflanke der Rieserfernergruppe; gute Kondition und Trittsicherheit unerlässlich. Im Frühsommer liegt im Bereich der Riepenscharte meistens noch Schnee (Teleskopstöcke angenehm). Wegen der Länge der Tour evtl. Übernachtung in der Barmer Hütte ratsam. Beim Abstieg zur Barmer Hütte und am Gegenanstieg zur Jägerscharte gut auf die Markierungen achten!
Einkehr: Barmer Hütte (Ende Juni bis Ende September), am Staller Sattel.
Karte: KOMPASS Nr. 82.

Zum Dreitausender fehlen dem Almerhorn ein paar wenige Meter, der Runde unterm Hochgall aber nichts zum absoluten Hit. Wer gut zu Fuß ist und Wetterglück hat, erlebt zwischen dem innersten Antholzer Tal, der Barmer Hütte und dem Almerhorn einen großen Bergtag (oder zwei) mit unvergesslichen Eindrücken. Überwältigend die gewaltigen, aus blockig-dunklem Tonalit aufgebauten Bergriesen des Hochgall (3435 m) und des Wildgall (3273 m); stimmungsvoll der dunkelgrüne Antholzer See. Nicht zu übersehen sind die Auswirkungen der Klimaerwärmung auf das Patscher Kees und das Almer Kees; von letzterem ist gerade noch ein kümmerlicher Schneefleck übrig geblieben.

Gut tausend Höhenmeter stehen zum Auftakt der Tour an: vom Abfluss des **Antholzer Sees** (1641 m), teils zunächst noch auf Forstpisten (Abkürzer), geht's mit der rot-weißen Mark. 39 bergan. Nach etwa einer Stunde lichtet sich der Wald, steht man staunend

Die Barmer Hütte.

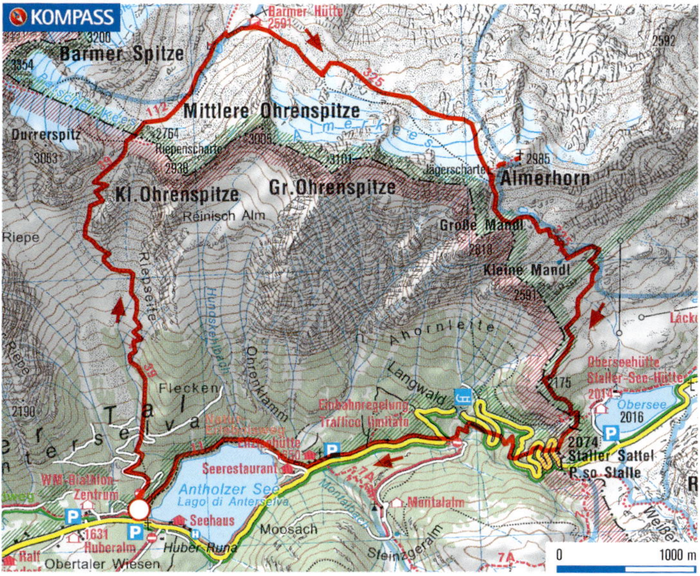

unter dem himmelwärts ragenden Wänden von Wildgall und Hochgall. Oberhalb des Riepenbodens quert die Spur im Geröll nach links; unter den Südostwänden der Durrerspitze (3063 m) steigt man durch ein mit Bergsturztrümmern übersätes Tälchen mühsam hinauf zur **Riepenscharte** (2732 m). Im Rückblick zeigen sich über der Mündung des Antholzer Tals die Dolomiten; übermächtig der nahe Hochgall. Jenseits des Jochs leiten die Markierungen dann im Geröll (das teilweise Eisreste des Patscher Kees bedeckt) hinab zur gastlichen **Barmer Hütte** (2591 m). Der Weiterweg zur Jägerscharte ist neu trassiert worden; er quert mit einigem Auf und Ab in respektvollem Abstand zu den für ihr extrem brüchiges Gestein bekannten Ohrenspitzen (3101 m) gegen den markanten Nordgrat des Almerhorns, steigt dann unter den Felsen im Geröll an gegen das Joch (2870 m). Hier links und auf ausgetretener Spur etwas mühsam über den Westgrat zum Gipfelkreuz am Almerhorn (2986 m). Zurück in die **Jägerscharte** und nach kurzer Querung gut gesichert über eine Felsstufe in das südseitige Kar unter dem **Almerhorn.**

In Serpentinen weiter bergab zu einer Skipiste, dann rechts zum Grenzrücken und an ihm hinunter zum **Staller Sattel** (2052 m). Von der Passsenke auf dem markierten Weg, der die Straßenschleifen mehrfach kreuzt, abwärts zum **Antholzer See** und an seinem Nordufer zurück zum Ausgangspunkt.

Die Rote Wand, 2818 m

Aussichtskanzel über dem Staller Sattel

Ausgangspunkt: Staller Sattel (2052 m), Übergang vom (Südtiroler) Antholzer Tal ins (Osttiroler) Defereggental. Verkehr ab Antholzer See zeitlich geregelt: Auffahrt jeweils im dritten, Talfahrt im ersten Viertel jeder Stunde.
Bahn/Bus: Busverbindung zwischen dem Pustertal und dem Antholzer See (1638 m).

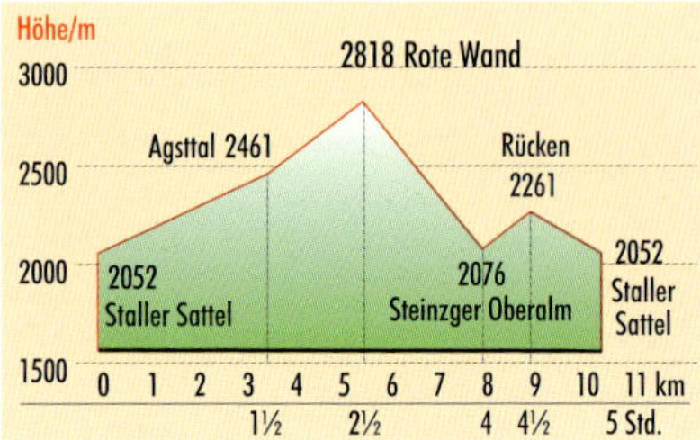

Gehzeit: Aufstieg 2½ Std., Abstieg 2½ Std.; gesamt 5 Std. (bei Auf- und Abstieg auf dem gleichen Weg 4 Std.)
Charakter: Recht alpine Gipfeltour, als Überschreitung etwas anspruchsvoller, aber lohnender. Trittsicherheit unerlässlich!
Einkehr: Am Staller Sattel.
Karte: KOMPASS Nr. 82.

Die Rote Wand gehört zu jenen Gipfeln, die vor allem der packenden Aussicht wegen besucht werden. Blickfang im Panorama ist die steinerne Phalanx der Rieserfernergruppe mit Hochgall (3435 m) und Wildgall (3273 m), die sich urgewaltig über dem tiefgrünen Spiegel des Antholzer Sees aufbaut, im Süden dominiert das Sä-

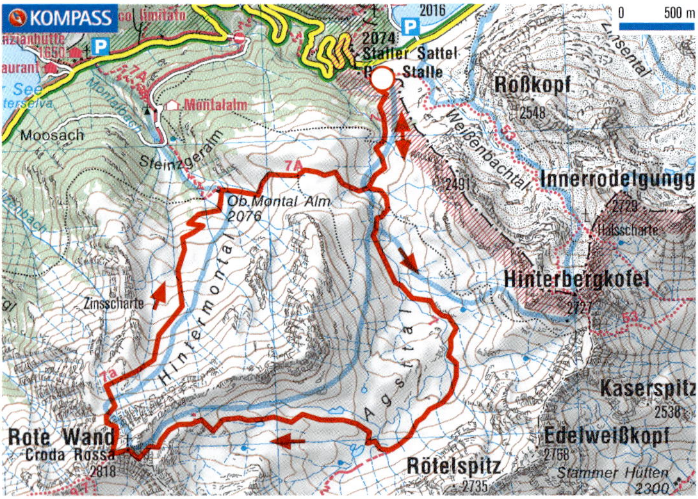

Antholzer See und Hochgall von der Roten Wand.

gezahnprofil der Dolomiten. An besonders klaren Tagen, etwa im Herbst oder aber wenn der Nordföhn vom Alpenhauptkamm herab bläst, zeigt sich fern im Westen der weiße Dom des Ortlers (3905 m), im Südosten der höchste Gipfel Sloweniens, der Triglav (2864 m).

Vom **Staller Sattel** wandert man auf gutem, sanft ansteigendem Weg in das sich von Süden öffnende Agsttal. Dabei gibt die Regelspitze (2775 m) zunächst die Richtung an. Noch nichts zu sehen ist von der **Roten Wand;** der kreuzgeschmückte Gipfel kommt erst im Talinnern ins Blickfeld. Hier gabelt sich der Weg: westwärts leiten Markierungen durch das einsame Hochkar, aus dem da und dort ein dunkles Seeauge blinkt, bergan. Zuletzt aus einer kleinen Scharte über Schrofen und leichte Felsen zum höchsten Punkt.

Vom Gipfel kurz am Westgrat abwärts, dann rechts (Wegzeiger) in die Nordflanke. Bestens markiert im Zickzack über die steile, felsige Flanke abwärts ins Blockgelände am Wandfuß und über ausgedehnte Almböden weiter talwärts, zuletzt auf guter Spur zwischen Alpenrosenfeldern.

Bei der 2076 m hoch gelegenen **Steinzger Oberalm** wird aus dem Ab- nochmals ein (gut ½-stündiger) Anstieg, hinauf in einen weiten Wiesensattel (2261 m). Jenseits abwärts ins unterste Agsttal und zurück zum Staller Sattel.

Lutterkopf, 2145 m, und Rudlhorn, 2448 m

Über zwei Gsieser Aussichtsgipfel

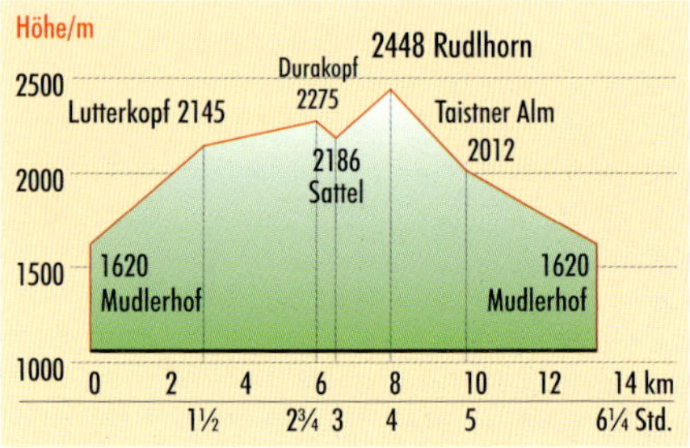

Ausgangspunkt: Wanderparkplatz oberhalb der Jausenstation Mudlerhof (1620 m). Anfahrt von Welsberg via Taisten 7 km.
Bahn/Bus: Welsberg ist Bahnstation der Pustertallinie; Bus bis Taisten.
Gehzeit: Aufstieg zum Lutterkopf 1½ Std., Übergang zum Rudlhorn 2½ Std., Abstieg 2¼ Std.; gesamt 6¼ Std.
Charakter: Teilweise recht steile, am Westgrat des Rudlhorns leicht felsige Runde, die viel Aussicht bietet. Für die kürzere Runde über Lutterkopf und Durakopf muss man mit einer Gehzeit von 5 Std. rechnen.
Einkehr: Taistner Sennhütte (Juni – Oktober).
Karte: KOMPASS Nr. 82.

Lutterkopf, Durakopf und vor allem das Rudlhorn sind sehr lohnende Aussichtswarten über den Tälern von Antholz und Gsies, auf markierten Wegen leicht erreichbar. Lutterkopf und Durakopf ergeben zusammen eine mäßig anstrengende Kammwanderung, in Verbindung mit dem Rudlhorn resultiert eine Runde, für die Ausdauer und ein sicherer Tritt notwendig sind. Faszinierend die Tief- und Fernblicke: graue Gipfel über grünen Talflu-

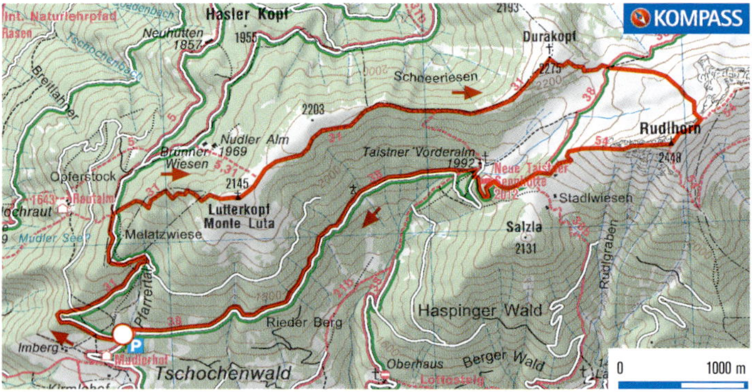

Am Gipfel des Rudlhorns, im Abendlicht Sextener Dolomiten, Dürrenstein und Hohe Gaisl.

ren, im Nordwesten die Rieserfernergruppe, im Süden die Dolomiten.

Die Tour startet auf einer Forststraße, die in ein paar Schleifen über dem Pfarrergraben ansteigt, dann in die dem Antholzer Tal zugewandte Westflanke des Lutterkopfs führt. Hier verlässt man die Piste nach rechts und folgt dem gut markierten Steig 31, der teilweise sehr steil den Gipfel ansteuert. Vom **Lutterkopf** (2145 m) lässt sich der Weiterweg gut überblicken: kurz abwärts, dann rechts des Grates um einen namenlose Kammbuckel herum und hinauf zum **Durakopf** (2275 m), der im Antholzer Tal auch unter dem Namen Salomon bekannt ist. Gerade noch einen Kilometer (–Luftlinie–) entfernt ist das **Rudlhorn** (2448 m), der dritte Gipfel der Runde. Zunächst einmal geht es aber hinab in die weite Wiesensenke (2186 m), und wem die anstehenden knapp 300 Höhenmeter zu viel sind, kann auf einem Fahrweg hinabwandern zur Taistner Sennhütte. Die Richtung zum Rudlhorn weist ein Schild: weglos über die Wiesen aufwärts gegen die Scharte (2388 m) im Nordostgrat, zuletzt steiler, aber mit deutlicher Spur. Am Kamm leicht zum höchsten Punkt mit großem Panorama.

Der Abstiegsweg folgt dem felsdurchsetzten Westgrat (Trittsicherheit!), führt zuletzt über Wiesen und durch lichten Wald hinunter zur Einkehr auf der **Taistner Vorderalm.** Von der Sennhütte wandert man auf breiter Sandstraße zurück zum Parkplatz oberhalb des Mudlerhofs.

Der Almweg 2000

Milch und Käse

Ausgangspunkt: Parkplatz bei der Talschlusshütte (1465 m); Anfahrt von Welsberg via St. Magdalena.
Bahn/Bus: Ein Linienbus verbindet Welsberg (Bahnhof) mit den Dörfern und Weilern im Tal.
Gehzeit: Aufstieg 1½ Std., Almweg 2¾ Std., Abstieg 1¼ Std.; gesamt 5½ Std.
Charakter: Gemütliche Höhenwanderung im inneren Gsies mit mehreren Einkehrmöglichkeiten unterwegs.
Einkehr: Uwaldalm (Ende Juni – Mitte Oktober), Kaseralm (Ende Juni bis Mitte Oktober), Stumpfalm (Ende Mai bis Ende Oktober).
Karte: KOMPASS Nr. 50.

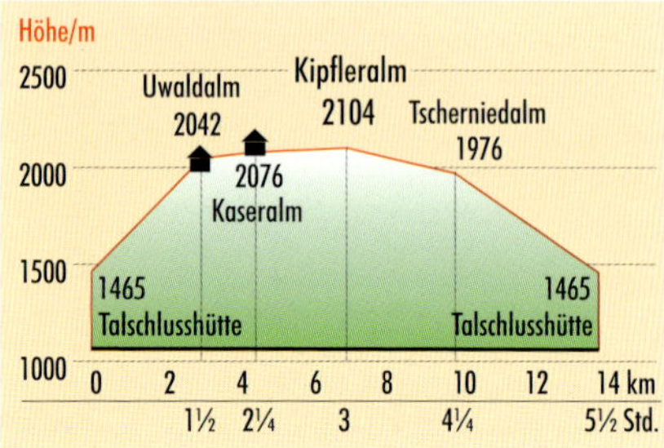

Das Gsies ist kein Tal alpiner Sensationen; markante Gipfelzacken sucht man hier ebenso vergebens wie leuchtendes Gletscherweiß.

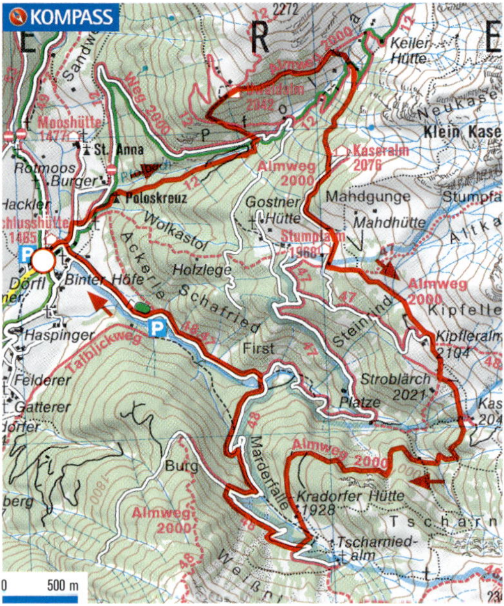

Dafür ist hier noch manches ursprünglicher als anderswo, den bäuerlichen Wurzeln Südtirols näher. Auf den Almen weidet im Sommer das Vieh, wird da und dort gekäst.

Der »Weg 2000« verbindet mehrere Gsieser Almen und eröffnet so Möglichkeiten für schöne, kaum anstrengende Wanderungen – besonders lohnend im Herbst, wenn die Wälder sich verfärben und die Lärchenbestände gol-

Die Kaseralm; hinten Uwaldalm und Regelspitze.

den aufleuchten. Die Almrunde beginnt mit dem Anstieg zur Uwaldalm: fast 600 Höhenmeter von der **Talschlusshütte,** bequem auf der Sandstraße, steiler, aber auch schöner auf dem Fußweg, der nach etwa 500 Metern rechts abzweigt (Tafel) und durch das Pfoital verläuft.

Bei der **Uwaldalm** (2042 m), die Aussicht auf fast das gesamte Gsiestal bietet, beginnt der »Weg 2000«. Er quert an der Sonnseite des Pfoitals zur **Pfoialm.** Nun auf der Almstraße kurz abwärts, dann links haltend am Hang schräg aufwärts zur **Kaseralm** (2076 m). Weiter mit freier Sicht übers Gsiestal bis hin zu den fernen Dolomitenzacken mit leichtem Höhenverlust an der **Stumpfalm** (Abstecher 3 Min.) vorbei zur **Kipfleralm** (2104 m). Dahinter geht's sanft bergab zur Kasermähderalm (2048 m), dann steiler hinunter zum Köflerbach.

Übers Wasser und weiter in leichtem Auf und Ab um einen Höhenrücken herum zur **Tscherniedalm** (1976 m) in schöner Lage unter dem Körlspitz (2612 m).

Eine empfehlenswerte, ebenfalls markierte Variante führt sozusagen »eine Etage höher« ab der Kipfleralm über das **Kalksteinjöchl** (2349 m) zur Tscherniedalm. Von der Alm wandert man auf der Straße durch das Tscherniedtal hinab und hinaus zur Talschlusshütte.

Hochalpenkopf, 2542 m

Verstecktes Paradies in den Pragser Dolomiten

Ausgangspunkt: Pragser Wildsee (1489 m). Große, gebührenpflichtige Parkplätze vor dem See.
Bahn/Bus: Linienbus zwischen den Ortschaften des Pustertals und dem Pragser Wildsee.
Gehzeit: Aufstieg 4¾ Std., Abstieg 2¼ Std.; gesamt 7 Std.
Charakter: Lange, deshalb auch recht anstrengende Gipfelrunde über dem Grünwaldtal. Gut markierte Wege, Abstieg von der Pragser Furkel steil (und bei Nässe rutschig).

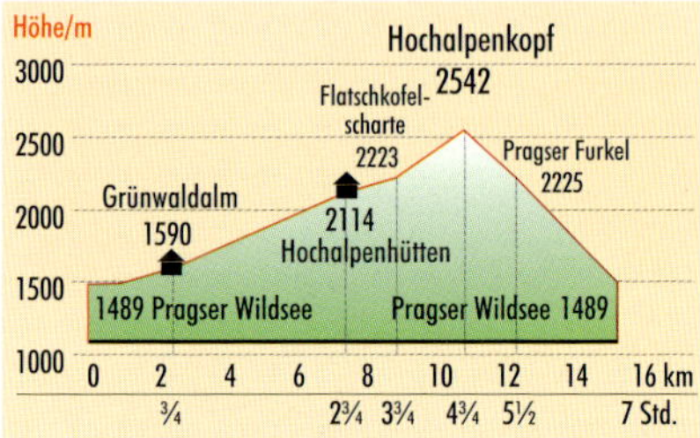

Einkehr: Grünwaldalm (Sommer), Hochalpenhütten (Sommer).
Karte: KOMPASS Nr. 57.

Die große Runde über den Hochalpenkopf darf man getrost als Geheimtipp bezeichnen, trotz (oder vielleicht gerade wegen) der Nähe von **Pragser Wildsee** und Seekofel (2810 m). Die wirken aufs touristische Publikum wie Magnete, alle wollen sie erleben – und gleich nebenan ist der Bergwanderer (meistens) allein. Wie etwa am Weg zur Hochalpe, die weder von Norden, von Olang aus, noch aus dem Grünwaldtal überhaupt zu sehen ist. Umso größer dann die Überraschung, wenn die riesige grüne Schräge nach dem langen Anstieg ins Blickfeld kommt: Pferdeweide und Murmeltierrevier tausend Meter über den Tälern! Die Runde beginnt als Uferspazierung, führt auf einer Sandpiste zunächst zum oberen Ende des

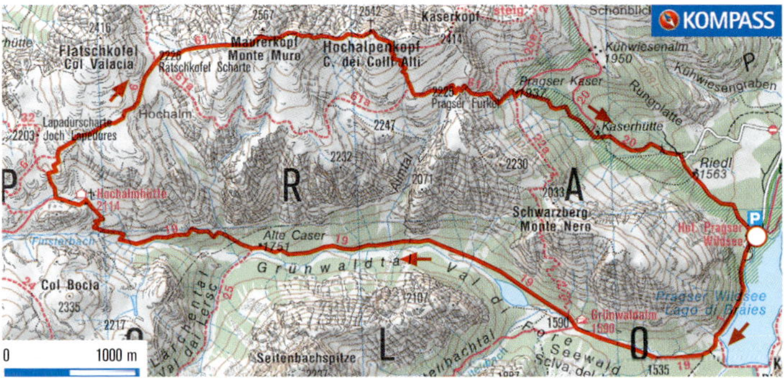

Pferdehimmel über dem Grünwaldtal: die Hochalm.

malerischen Pragser Wildsees (1489 m), dann rechts ins Grünwaldtal. Man durchwandert es auf seiner ganzen Länge, vorbei an der **Grünwaldalm** (1590 m). Dabei bieten sich Einblicke in zwei »Herzkammern« der Pragser Dolomiten, ins Seitenbach- und ins Lärchental. Unübersehbar dabei die gewaltigen Schuttströme, die aus ihren Steilflanken herabziehen. Der Weg beginnt hinter dem Alten Kaser (1751 m) stärker zu steigen. Bei den **Hochalpenhütten** (2114 m) ist eine Pause fällig, bevor man den weiteren Anstieg unter die Füße nimmt. Er tangiert das Joch Lapadures (2203 m); an dem von Edelweiß übersäten Südrücken des Flatschkofels wird dann – endlich! – der Blick auf die Hochalpe frei, die bis hinüber zur Pragser Furkel rund 3 km breit ist und jäh ins Grünwaldtal abbricht. Aus der **Flatschkofelscharte** (2223 m) gewinnt man in ca. einstündigem Anstieg den oberen Rand der riesigen Schräge. Die schmale Spur folgt ihm, umgeht den Maurerkopf (2567 m; Abstecher 5 Min.) südseitig und steuert schließlich den schrofigen **Hochalpenkopf** (2542 m) an.

Beim Abstieg zur **Pragser Furkel** (2225 m) ist vor allem der Seekofel (2810 m), hinter dem sich links die Hohe Gaisl aufbaut, Blickfang. Jenseits der Scharte geht's dann gleich steil bergab zur Kaserhütte (1937 m). Weiter im Wald talauswärts und zurück zum Ausgangspunkt beim Pragser Wildsee.

Herrstein, 2447 m

Schroffer Felsgipfel über dem Wildsee

Ausgangspunkt: Pragser Wildsee (1489 m). Große, gebührenpflichtige Parkplätze vor dem See.
Bahn/Bus: Linienbus zwischen den Ortschaften des Pustertals und dem Pragser Wildsee.
Gehzeiten: Aufstieg 3 Std., Abstieg 2 Std.; gesamt 5 Std.
Charakter: Recht rauer Anstieg, unter dem Großen Apostel und oberhalb der Weißlahnscharte reichlich Geröll, am Gipfel neue Kettensicherung.

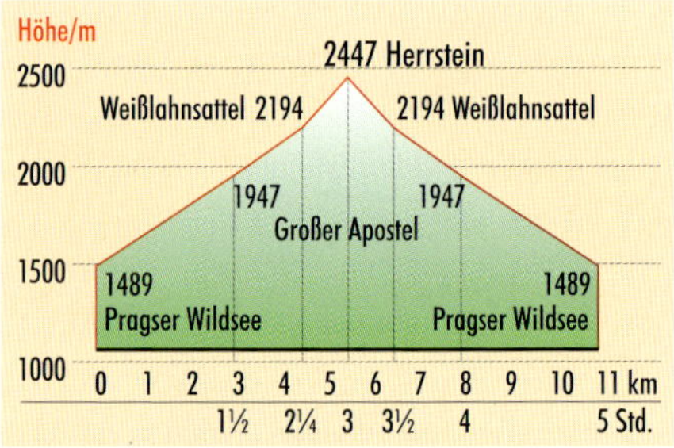

Einkehr: Unterwegs keine.
Karte: KOMPASS Nr. 57.

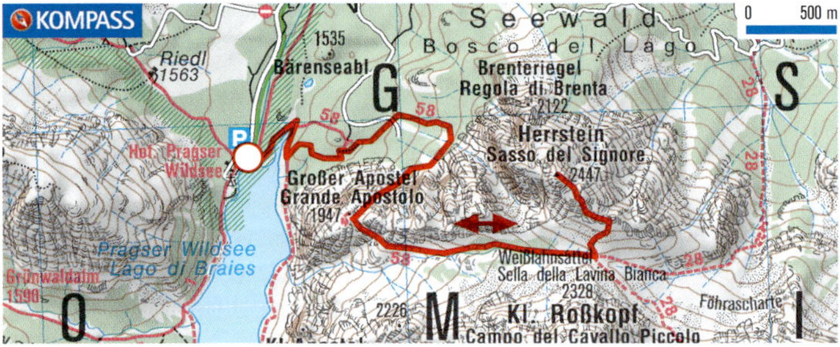

Dass eine Besteigung des Herrsteins etwa Vertretern des »starken Geschlechts« vorbehalten sei, ist natürlich reiner Nonsens; ungeeignet ist die Tour allerdings für all jene, die komfortable Pfade vorziehen und unterwegs nicht auf eine gemütliche Einkehr verzichten wollen. Steine gibt's dafür jede Menge an dem Gipfel, der so unnahbar über dem Pragser Wildsee thront, große und kleine, letztere in Form von sehr »beweglichen« Schutthängen, und der finale Felsaufschwung (Ketten) mag den einen oder die andere gar abschrecken. Dafür genießt man oben eine packende Aussicht, über die Paul Grohmann sagte, dass sie »den gepriesenen Gipfeln der Dolomiten in keiner Weise nachsteht«.

Fast noch mehr beeindruckt aber der Vogelschaublick unterwegs auf den Pragser Wildsee – wow! Die Gipfeltour beginnt als einfacher Spaziergang, führt um den Nordzipfel des **Pragser Wildsees** (1489 m) herum ans Ostufer des malerischen Gewässers.

Auf den schmalen Felsbändern unter den Westabstürzen des Herrsteins.

Hier zweigt spitzwinklig ein breiter Fahrweg ab (Wegzeiger). Man folgt ihm ein Stück weit und steigt dann im Seewald an gegen die wilden Westabstürze des Herrsteins. Die Unterlage wird zunehmend steinig, auch beweglich; etwas mühsam geht's im Geröll (Steinmännchen) aufwärts zum Wandfuß. Nun rechts über komfortable Bänder weiter bergan und im Zickzack steil in eine winzige Scharte knapp unterhalb des **Großen Apostels.** Rechts in zwei Minuten durch Latschengassen zu einem fantastischen Ausguck hoch über dem Wildsee (Bank).

Bei der Querung ins Tälchen unter dem **Weißlahnsattel** (2194 m) bietet sich dann nochmals ein packender Tiefblick; aus der Scharte leitet die Wegspur im Zickzack über den schrofigen Hang hinauf gegen den Grat. Hier links und kurz abwärts zum Fuß des Gipfelaufbaus. Solide Ketten helfen über den finalen Felsaufschwung. – Abstieg vom **Herrstein** auf dem Anstiegsweg.

35

Der Seekofel, 2810 m

Große Gipfelrunde über dem Pragser Wildsee

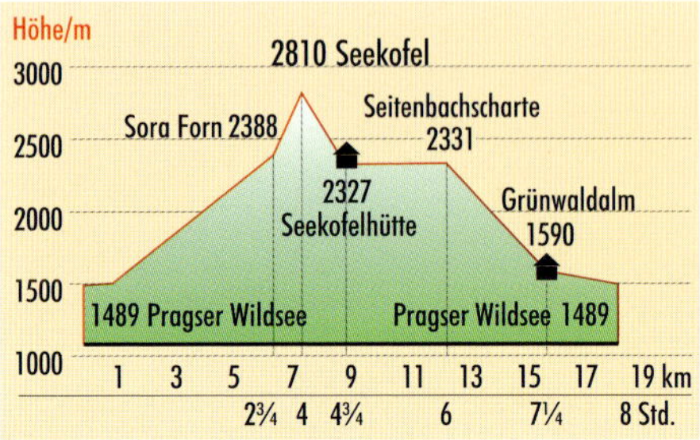

Ausgangspunkt: Pragser Wildsee (1489 m); große, gebührenpflichtige Parkplätze vor dem See.
Bahn/Bus: Linienbus zwischen den Ortschaften des Pustertals und dem Pragser Wildsee.
Gehzeit: Aufstieg 4 Std., Abstieg 4 Std.; gesamt 8 Std.
Charakter: Lange, aber spannende Gipfeltour mit packenden Kontrasten: wildzerklüftete Felsen und gewaltige Schuttströme auf der Pragser Nordseite, weite Almen und Karrenböden an der Südseite. Großes Panorama.
Einkehr: Seekofelhütte (Mitte Juni bis Ende September), Grünwaldalm (Sommer).
Karte: KOMPASS Nr. 57.

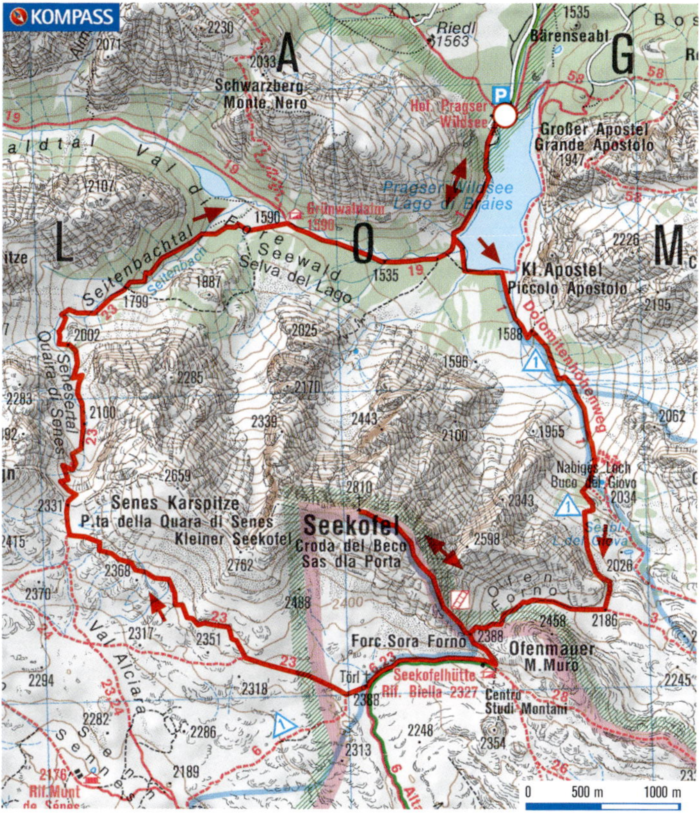

Um fast anderthalb Kilometer überragt der Gipfel des Seekofels den Spiegel des Pragser Wildsees, und das sagt schon einiges aus über die Dimension des Berges – und die Länge der Tour. Denn die führt nicht nur auf den Gipfel, zur großen Aussicht, sondern anschließend quer über die steinigen Wiesen der Sennesalm in die Seitenbachscharte und erst dann hinunter ins malerische Grünwaldtal: großartig, wirklich.

Die große Runde beginnt gemütlich, führt mit Aussicht auf die schroffen Nordabstürze des Seekofels auf einer Sandpiste zur Mündung des Grünwaldtals und weiter zum Südende des **Pragser Wildsees,** wo der Anstieg beginnt. Der gut angelegte Weg steigt zwischen Geröllreißen, teil-

Bild S. 90: Die Seekofelhütte und der Seekofel mit seinen schräg gestellten Felsschichten.

Große Gipfel im Panorama des Seekofels: Drei Zinnen und Hohe Gaisl (rechts).

weise im Latschenunterholz, an gegen das **Nabige Loch.** Weiter im Zickzack hinauf zu einer Felsbarriere, die man mit Kettenhilfe leicht überwindet. An der Verzweigung oberhalb der Steilstufe rechts und um einen Gratausläufer des Seekofels herum in das Ofenkar. Zuletzt etwas steiler in die Scharte **Sora Forn** (= über dem Ofen, 2388 m). Hier rechts und gut gesichert an dem steilen, aber gestuften Felsgrat auf die riesige Gipfelabdachung des **Seekofels.** Eine Geröllspur leitet zum höchsten Punkt mit packendem Tiefblick auf den Pragser Wildsee. Auf dem Anstiegsweg zurück zur Ofenscharte (Sora Forn). Wenig unterhalb der Scharte steht die **Seekofelhütte** (2327 m). Nun auf breiter Sandstraße unter der markant geschichteten Südwand des Seekofels hindurch. Nach etwa einer Viertelstunde zweigt rechts der Weg zur Seitenbachscharte (2331 m) ab. Er führt in leichtem Auf und Ab über steinige Wiesenhänge mit prächtiger Aussicht auf die Ampezzaner Dolomiten in die Senke zwischen Senneser Karspitze (2659 m) und Col de Riciogogn. Nun nordseitig im Zickzack hinab in einen wilden, von mächtigen Felsmauern umschlossenen Kessel. Eine Steilstufe umgeht man links, ebenso den Buckel an seiner Mündung. Zuletzt auf gutem Weg überwiegend schattig abwärts ins **Grünwaldtal** und auf der Sandstraße zurück zum **Pragser Wildsee.**

Start- und Zielpunkt der großen Runde liegen am malerischen Pragser Wildsee.

36

Der Gaislhöhenweg

Durch die nordseitigen Kare des Gaislmassivs

Ausgangspunkt: Wanderparkplatz beim Gasthaus Brückele (1494 m); Anfahrt vom Pustertal (Abzweigung zwischen Welsberg und Niederdorf).
Bahn/Bus: Linienbus vom Pustertal via Brückele bis zur Plätzwiese.
Gehzeit: Aufstieg zur Stollaalm 1½ Std., Höhenweg 2½ Std., Abstieg 1½ Std.; gesamt 5½ Std.

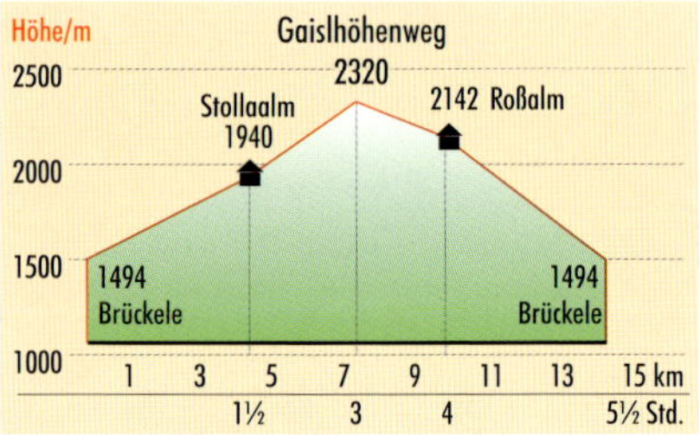

Charakter: Mit Ausgangspunkt Brückele recht lange Runde, im Bereich der Gaislleite verläuft der Weg über recht ausgesetzte Felsbänder (Kettensicherungen). Alternativ Einstieg von der Plätzwiese (Bus ab Brückele), dann Gesamtgehzeit etwa 4 Std.
Einkehr: Plätzwiese (ganzjährig), Stollaalm (Sommer), Roßalm (Ende Juni bis Anfang Oktober).
Karte: KOMPASS Nr. 57.

Die Hohe Gaisl (3146 m) dominiert mit ihren ausladenden Felsflügeln die Pragser Dolomiten: größer, mächtiger ist kein Gipfel zwischen dem Gader- und dem Höhlensteintal. Brüchiger allerdings auch nicht, und davon zeugen neben gewaltigen Schuttströmen, die aus ummauerten Karen bis ins grüne Vorgelände herabziehen,

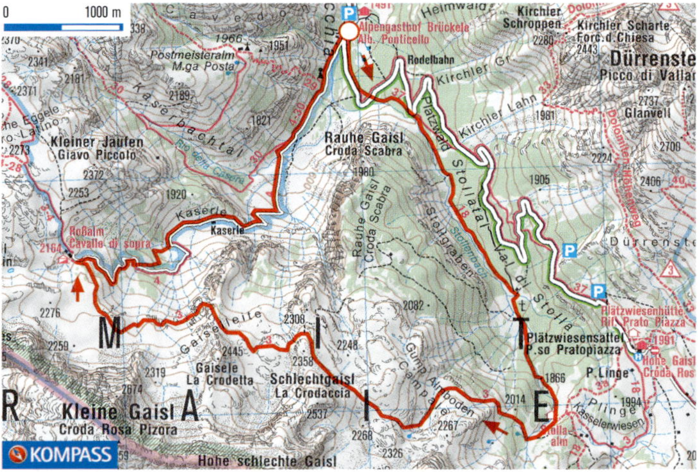

Am Gaislhöhenweg. Blick ins Eiskar unter der Hohen Gaisl.

auch ein paar einprägsame Namen wie Schlechtgaisl, Rauhe Gaisl. Ihren italienischen Namen – Croda Rossa – verdankt die Hohe Gaisl jenen Wandausbrüchen, die rötlich leuchten wie frische Wunden. Kein Berg, dem man sich guten Gefühls nähert, doch der Höhenweg, der die Plätzwiese mit der Roßalm verbindet, hält größtenteils respektvollen Abstand zu seinen brüchigen Mauern. Dafür bietet er eine Fülle schönster Landschaftseindrücke, immer wieder auch neue Perspektiven, Ein- und Ausblicke.

Vom Parkplatz (1494 m) folgt man kurz der **Plätzwiese-Straße,** kürzt dann zwei Schleifen ab und verlässt an der dritten Kehre das breite Asphaltband endgültig. Auf schönem Waldweg nur mäßig steil in den Stollagraben und hinauf zur schön gelegenen Stollaalm (1940 m), wo ein Zustieg von der Plätzwiese mündet. Der gut markierte **»Gaislhöhenweg«** führt zunächst flach in einen Graben, über den Bach und dann erst sanft, später kräftiger steigend zu den Gumpalböden, eine flache Talmulde. Dabei genießt man freie Sicht auf den Dürrenstein und hinüber zu den Sextener Dolomiten; absoluter Blickfang ist allerdings die Hohe Gaisl, auch beim weiteren Anstieg im Vorfeld des **Eiskars.** Der riesige Geröllstrom dokumentiert auf eindrucksvolle Weise die Brüchigkeit des Gesteins; das einstige Gletschereis dagegen ist längst abgeschmolzen.

Am Höhenweg überquert man einen flachen Höhenrücken; dann leitet die Spur hinüber zum Nordgrat der **Schlechtgaisl,** wo sich ein erster Blick auf die Roßalm auftut. Sichtbar ist auch der Weiterweg zur **Gaislleite:** Er führt, allmählich an Höhe verlierend, über das mächtige Kar unter der Hohen Schlechten Gaisl (2967 m). Die Gaislleite quert man auf teils schmalen Bändern, die an den luftigsten Stellen mit Ketten gesichert sind. Zuletzt mit leichtem Auf und Ab unter den Nordwänden der Kleinen Gaisl (2859 m) hinüber zur **Roßalm** (2142 m).

Für den Abstieg nimmt man den geschotterten Fahrweg, der in Schleifen durch schönen Zirbenwald hinabzieht ins **Kaserbachtal.** Zuletzt geht's flach hinaus zum Ausgangspunkt der Tour.

Auf den Dürrenstein, 2839 m

Kurzer Weg zum großen Panorama

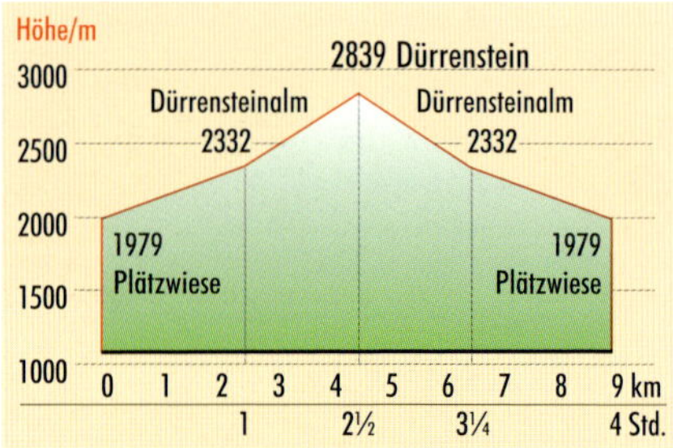

Ausgangspunkt: Parkplatz Plätzwiese (1979 m). Mautpflichtige Zufahrt zur Plätzwiese im Hochsommer ab Gasthaus Brückele nur bis 10 Uhr gestattet.
Bahn/Bus: Buslinie vom Pustertal via Brückele zur Plätzwiese.
Gehzeit: Aufstieg 2½ Std., Abstieg 1½ Std., gesamt 4 Std.
Charakter: Sehr beliebte Gipfeltour, am Gipfelaufbau harmlose Felspassage (Drahtseil).
Einkehr: Gasthaus Plätzwiese und Hotel Hohe Gaisl auf der Plätzwiese.
Karte: KOMPASS Nr. 57.

Keine Frage, der **Dürrenstein** gehört zu den lohnendsten Aussichtspunkten im Norden der Dolomiten und das liegt auch an seiner Randlage: hellgrau die Dolomitzacken, grünwellig das Pustertal, dunkel die Granite und Gneise im Norden, in der Rieserfernergruppe und am Alpenhauptkamm. So etwas lockt viele Besucher an, und die meisten kommen aus dem Pustertal, weil man da bis an den Rand der **Plätzwiese** (1991 m) fahren kann.

Strudelkopf, 2307 m

Eine schöne, wenn auch nicht so weit reichende Aussicht wie der Dürrenstein bietet der Strudelkopf östlich über der Plätzwiese gelegen.
Ein bequemer Weg führt vom Großparkplatz über den Strudelkopfsattel (2200 m), etwa 1½ Std. Am Südostrand der ausgedehnten Alm liegt die im Sommer bewirtschaftete Dürrensteinhütte (2028 m).

Gipfel des Dürrensteins; am Horizont Zillertaler Alpen und Rieserfernergruppe.

Das verkürzt den Anstieg ganz erheblich, die Anstrengung hält sich in Grenzen. Dafür wird's dann am Gipfel manchmal ziemlich eng, auch am Weg hinauf hat man reichlich Gesellschaft, zumindest bei schönem Wetter. Und das ist hier besonders wichtig, weil man auf diesen Berg vor allem der Aussicht wegen steigt: ein Drei-Sterne-Panorama, einfach super!
Vom Parkplatz (1979 m) am Rand der **Plätzwiese** kurz auf der Straße zum gleichnamigen Gasthaus (1991 m), dann links über Wiesen bergan zum quer verlaufenden »Dolomiten-Höhenweg 3«. Man kreuzt ihn und folgt dem Weglein, das schräg durch die kahle Südwestflanke des Bergstocks (Brunnen) ansteigt, oberhalb der Dürrensteinalm dann in Kehren zum Grat führt. Am Kamm entlang zum Vorgipfel, dahinter über eine kurze Felsstufe abwärts und zum kreuzgeschmückten Hauptgipfel (Drahtseil) des **Dürrensteins** (2839 m).
Grandios die Rundschau mit der Hohen Gaisl (3146 m) und dem Cristallomassiv als Blickfang.
Abstieg auf dem Anstiegsweg.

Der Römerweg

Die Höhenwanderung von Welsberg nach Toblach

Ausgangspunkt: Welsberg (1087 m), stattlicher Flecken an der Mündung des Gsieser Tals. Endpunkt: Toblach (1241 m).
Bahn/Bus: Bahn- und Busverbindungen zwischen Toblach und Welsberg.
Gehzeit: Gesamt 5½ Std.
Charakter: Gemütliche, überwiegend schattige Höhenwanderung, die sich aber ganz schön hinzieht. Markierter Zwischenabstieg nach Niederdorf möglich (Gehzeit dann etwa 3 Std.).

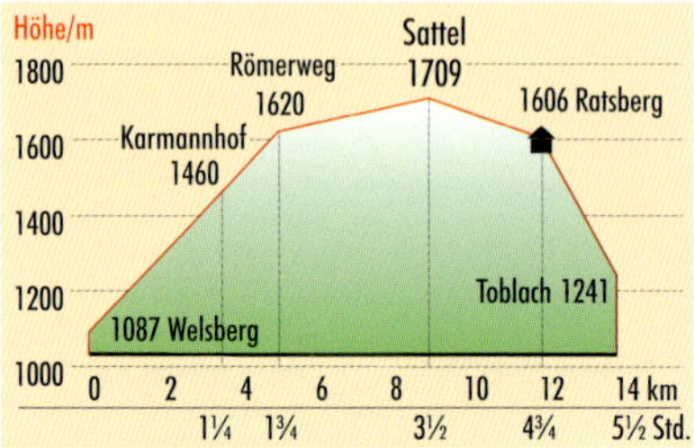

Einkehr: Ratsberg, Toblach.
Karte: KOMPASS Nr. 57.

Dass es sich beim »Römerweg« um einen uralten Pfad handelt, ist unbestritten, aber römischen Ursprungs dürfte er nicht sein. Das tut der Popularität der Wanderung über den lang gestreckten, größtenteils bewaldeten Höhenrücken zwischen dem Pustertal und dem unteren Gsieser Tal keinen Abbruch. Sie vermittelt – allerdings nur abschnittweise – stimmungsvolle Ausblicke auf die Dolomiten, von den Olanger Gipfeln bis zum Cristallo und zu den Sextenern. Dazwischen taucht der Weg immer wieder ein in den Waldschatten, was im Hochsommer überaus angenehm ist. Von Welsberg bis Ratsberg durchgehend Mark. 41.

Die Tour startet auf Asphalt, führt von **Welsberg** zunächst bergan gegen Schloss Welsperg (1150 m), das einen Geländesporn über dem Eingang ins Gsieser Tal krönt.

Weiter auf der Straße über ein paar Schleifen zum **Karmannhof** (1460 m) in schöner Hanglage. Links über Wiesen zu einer Forststraße, die man quert, und dann im Wald auf den Rücken des Eggerbergs. Hier beginnt die ausgedehnte Höhenwanderung, die immer mal wieder Ausblicke nach Süden, auf die Dolomiten, bietet. Auf der Höhe von Niederdorf (markierter Zwischenabstieg) stößt man auf eine Waldstraße, die in leichtem Anstieg zu einer weiten Lichtung führt (idealer Rastplatz). Hinter dem **Sattel** (1709 m) geht's nochmals im Wald bergan, dann mit herrlich freier Sicht über die weiten Ratsbergwiesen sanft bergab zum Weiler Ratsberg (1606 m). Durch den Ort bis zur ersten Straßenkehre und mit der Wegnummer 22 direkt hinunter nach **Toblach**, dem Endpunkt der Tour.

Bild S. 98: Vom »Römerweg« genießt man Aussicht auf die Sextener Dolomiten.

Über das Toblacher Pfannhorn, 2663 m

Die Sextener – aus der Ferne

Ausgangspunkt: Kandellen (1604 m), 5 km von Toblach.
Bahn/Bus: Toblach ist Station an der Bahnlinie Franzensfeste – Lienz in Osttirol.
Gehzeit: Aufstieg 3½ Std.; Abstieg 2¼ Std.; gesamt 5¾ Std.
Charakter: Wenig schwierige Gipfelwanderung auf markierten Wegen, die aber aufgrund des Höhenunterschieds (1000 m) etwas Ausdauer verlangt.

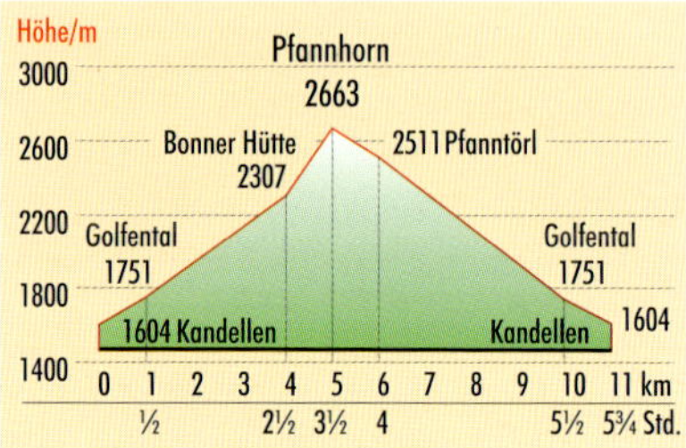

Einkehr: Bonner Hütte (Juni – Oktober).
Karte: KOMPASS Nr. 57.

Nicht ganz zufällig sind viele Erhebungen am Rand der Dolomiten als besonders lohnende Aussichtswarten bekannt: Schauen auf das »schönste Gebirge der Welt« (Le Corbusier), das ist etwas für Genießer. Im Fall des Pfannhorns, das ziemlich genau nord-

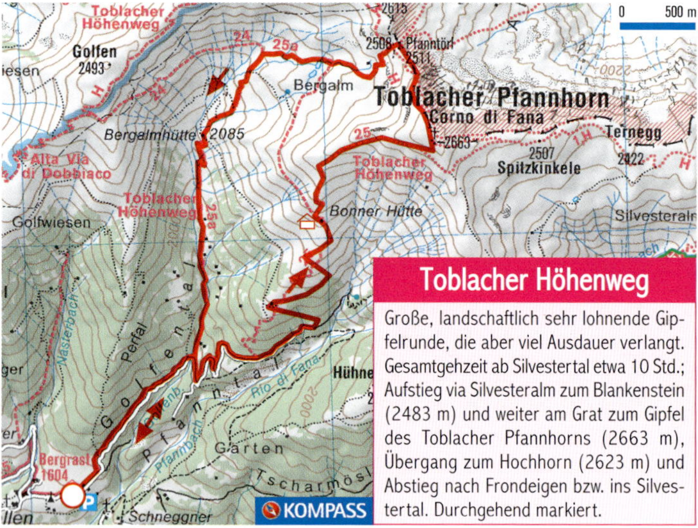

Toblacher Höhenweg

Große, landschaftlich sehr lohnende Gipfelrunde, die aber viel Ausdauer verlangt. Gesamtgehzeit ab Silvestertal etwa 10 Std.; Aufstieg via Silvesteralm zum Blankenstein (2483 m) und weiter am Grat zum Gipfel des Toblacher Pfannhorns (2663 m), Übergang zum Hochhorn (2623 m) und Abstieg nach Frondeigen bzw. ins Silvestertal. Durchgehend markiert.

Gipfelparade: die Sextener Dolomiten vom Pfannhorn.

östlich von Toblach auf der Grenze zu Osttirol steht, kommt neben den schönen Talblicken noch die Aussicht auf Rieserfernermassiv und Hohe Tauern dazu. Wählt man den Weiler Kandellen als Ausgangspunkt, lässt sich die Tour als Runde durchführen. Etwa eine Gehstunde unter dem Gipfel steht die Halbruine der ehemaligen Bonner Hütte; sie ist jetzt im Besitz der Gemeinde Toblach – Wiederaufbau geplant.

Die Gipfeltour beginnt auf Asphalt, führt von **Kandellen** zunächst schattig ins Golfental. Bei der Verzweigung (1751 m) rechts und steiler an dem Rücken zwischen Golfen- und Pfannbach bergan. Weiter auf der breiten Fahrspur in Kehren bergan. Im Süden zeigen sich bald die ersten Zinnen der Sextener Dolomiten; eher nachdenklich stimmt jedoch der Blick in die schwer von Erosion gezeichnete Südflanke des Pfannhorns (Verbauungen, Aufforstung). Höher am Grashang steht die wieder aufgebaute, im Sommer 2007 eröffnete **Bonner Hütte** (2307 m) – gerade noch eine Stunde unterhalb des bereits sichtbaren Gipfelziels. Oben am **Toblacher Pfannhorn** kann man sich dann anhand einer gut hundert Jahre alten Panoramatafel über all die alpinen Sehenswürdigkeiten im weiten Rund informieren.

Der Abstieg führt zunächst am Grenzkamm entlang nordwärts ins Pfanntörl (2511 m). An der Wegspinne links hinunter in die grüne Mulde der Bergalm mit ihren kleinen Lacken. Bei der Bergalmhütte (2085 m) stößt man auf eine Schotterpiste. Sie führt durch den Graben des Golfenbachs talauswärts zu der eingangs erwähnten Verzweigung. Auf der Aspaltstraße zurück nach Kandellen.

Toblach und der Toblacher See

Kultur und Natur

Ausgangspunkt: Toblach (1241 m), Ortsmitte.
Bahn/Bus: Toblach ist Station der Bahnlinie Franzensfeste – Lienz in Osttirol.
Gehzeit: 3 Std.
Charakter: Spaziergang auf guten Wegen.
Einkehr: Mehrere Gasthäuser am Weg.
Karte: KOMPASS Nr. 57.

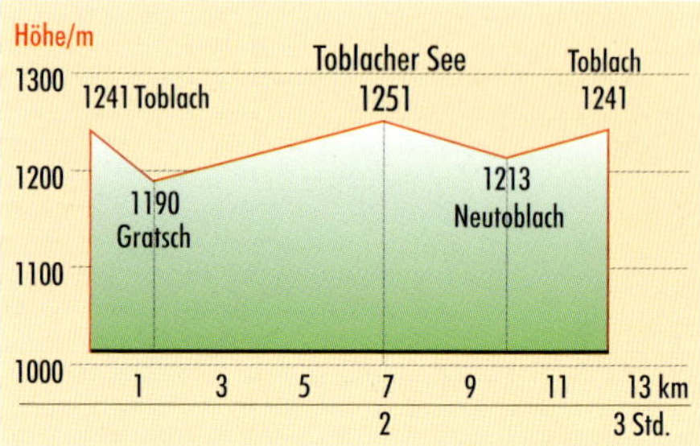

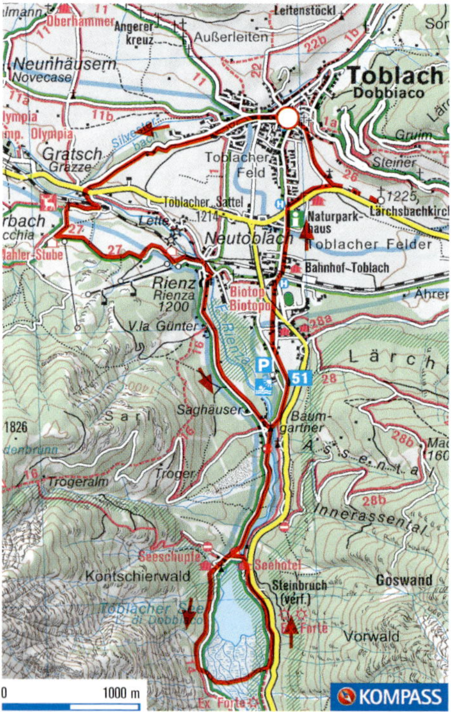

Wer in Toblach nur nach den berühmten Dolomitzinnen schaut, verpasst so manch Sehenswertes. Beiderseits der offenen (und zugigen) Wasserscheide (1217 m) zwischen Adria (Rienz) und Schwarzem Meer (Drau) gibt's viel zu entdecken. Im Ortskern, den die barocke Pfarrkirche mit ihrem hohen Turm beherrscht, stehen noch ein paar historische Bauten wie z.B. die Herbstenburg (um 1500). Gustav Mahler verbrachte zwischen 1908 und 1910 jeweils die Sommermonate in Toblach, in dessen Grand Hotel (heute Kulturzentrum) einst Könige wie Albert von Sachsen und Milan I. von Serbien re-

Idylle im Höhlensteintal: der Toblacher See; links der Birkenkofel, Bullköpfe und Nasswand.

sidierten. Die Rothschilds reisten gleich mit dem eigenen Luxuswaggon an. Die Herrschaften (und ihre Damen) dürften sich damals auch an der Schönheit des nahen Toblacher Sees delektiert haben, der von Wald umsäumt zwischen den steilen Felsflanken am Eingang des Höhlensteintals liegt. Von der barocken Pfarrkirche, dem Mittelpunkt des alten Dorfes **Toblach** (1241 m), spaziert man erst durch die Gustav-Mahler-Straße westwärts zu den Häusern von Gratsch (1190 m). Hier über die Staatsstraße zum **Wildpark** und zur Gustav-Mahler-Stube mit dem winzigen Komponierhäuschen, das sich Mahler erbauen ließ, um ungestört arbeiten zu können.

Nun links der Rienz zum gleichnamigen Weiler, und über die Saghäuser (1220 m) weiter zum Abfluss des nur sechs Meter tiefen **Toblacher Sees** (1251 m). Man umrundet das idyllische Gewässer im Uhrzeigersinn; mehrere Schautafeln informieren dabei über naturkundliche Aspekte. Der Rückweg führt von den Saghäusern nach Neutoblach (1213 m), wo das ehem. Grand Hôtel noch heute einen guten Eindruck vom Lebensstil der Hautevolee des 19. Jh. vermittelt. Im Kulturzentrum ist auch das Besucherzentrum des Naturparks Sextener Dolomiten untergebracht, dazu werden interessante Wechselausstellungen gezeigt.

Weiter über Bahnlinie und Staatsstraße, dann rechts kurz hinaus zum Lerschachkirchl, einem originellen Rundbau aus dem frühen 16. Jahrhundert, und über den Kreuzweg zurück zur Pfarrkirche.

Der Sarlkofel, 2378 m

Aussichtswarte über dem Pustertal

Aussichtspunkt: Toblacher See (1251 m) am Eingang ins Höhlensteintal. Parkplatz beim Camping.
Bahn/Bus: Busverbindung Toblach – Schluderbach.
Gehzeit: Aufstieg 4 Std., Abstieg 2¾ Std.; gesamt 6¾ Std.
Charakter: Recht anspruchsvolle Gipfelwanderung, aber durchwegs gut markierte Wege. Oberhalb des Sarlsattels kurze, etwas ausgesetzte Passagen. Sehr stimmungsvolles Panorama.

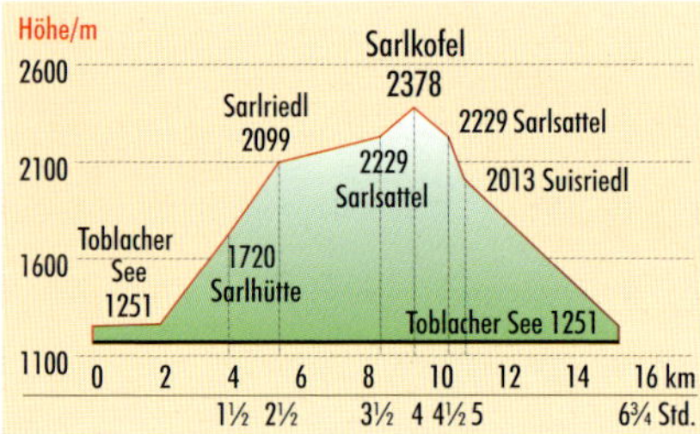

Einkehr: Am Toblacher See.
Karte: KOMPASS Nr. 57.

Mit einiger Berechtigung könnte man den Sarlkofel als den kleinen »Bruder« des Dürrensteins bezeichnen: weniger hoch, weniger markant, weniger häufig besucht. Letzteres stört überhaupt nicht, und die Aussicht vom Gipfel darf man durchaus als erstklassig bezeichnen, mit einem besonderen »Schmankerl«: dem Tiefblick auf den waldumsäumten **Toblacher See.**

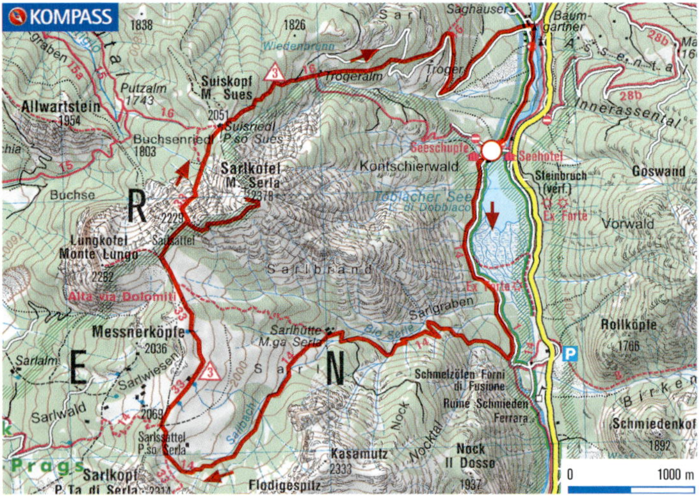

Kurze gesicherte Passage im Anstieg zum Sarlkofel.

An seinem Ufer startet die interessante Gipfelrunde. Man folgt dem Sandsträßchen (Naturlehrpfad), das rechts des Sees flach taleinwärts läuft und hinter dem Seemoos den **Sarlgraben** an seiner Mündung quert. Wenig weiter gabelt sich der Fahrweg; rechts haltend auf breiter Sandspur sehr steil bergan gegen den Predigtstuhl und unter der Hirtenmahdwand (2184 m) zur **Sarlhütte** (1720 m). Der weitere Aufstieg folgt dem Sarlbach, bietet packende Blicke auf den zerklüfteten Nordabsturz des Dürrensteins. In einem weiten Rechtsbogen gewinnt man den **Sarlriedl** (2099 m), einen Übergang ins Pragser Tal. Nun ohne nennenswerte Höhenunterschiede um die Messnerköpfe (2199 m) herum, wobei der **Sarlkofel** allmählich näher rückt. Links zeigt sich der **Lungkofel** (2282 m; Abstecher, ¾ Std. hin und zurück). Ein kurzer Anstieg leitet in den **Sarlsattel** (2229 m). Nun rechts und auf schmalem Steiglein durch die Südflanke des Bergstocks, mit zwei luftigen Stellen (ein Drahtseil), bis hinüber zum Südostgrat und weiter zum Gipfel.

Der Rückweg führt vom Sarlsattel nordseitig auf gutem Steig zwischen Felsmauern hinunter zu einer Verzweigung und rechts in den nahen **Suisriedl** (2013 m), eine wenig ausgeprägte Scharte nördlich unter dem Sarlkofel. Dahinter geht es im Wald bergab zu den Rodungsflächen der Trogealm, wo man auf eine breite Fahrspur stößt. Sie zieht in einigen Schleifen über den Trogehof (schöner Tiefblick auf den Toblacher See) hinunter ins Höhlensteintal. Bei den **Saghäusern** (1220 m) hält man sich rechts und spaziert zurück zum Ausgangspunkt der Runde.

Auf den Hochebenkofel, 2905 m

Weiter Weg zum hohen Gipfel

Ausgangspunkt: Höhlensteintal, Parkplatz südlich des Schotterwerks (1306 m), 5,5 km vom Toblacher Sattel.
Bahn/Bus: Linienbus Toblach – Schluderbach.
Gehzeit: Aufstieg 5 Std., Abstieg 3 Std.; gesamt 8 Std.
Charakter: Lange und anstrengende Gipfeltour mit Felspassagen oberhalb des Lückele (I). Trittsicherheit und Ausdauer unerlässlich; Übergang vom Hochebenkofel zum wenig höheren Birkenkofel (2922 m) nur für erfahrene Bergsteiger (leichte Kletterei, Sicherungen), 10 Min.
Einkehr: Unterwegs keine.
Karte: KOMPASS Nr. 57.

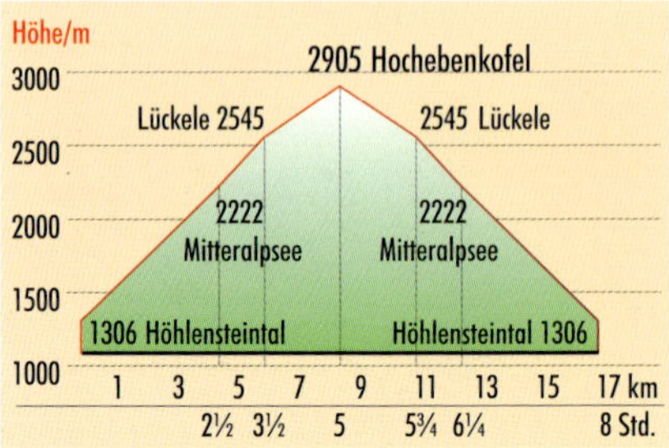

Wer aus dem Höhlensteintal hinaufschaut in die schroffen, fast himmelhoch ragenden Felsen des Hochebenkofels und des Birkenkofels (2922 m), wird kaum glauben, dass ein markierter Weg hier bis in Gipfelhöhen führt, den sich jeder trittsichere Bergwanderer zutrauen darf. Der Anstieg ist zwar weit, 1600 Höhenmeter ergeben ein ausgewachsenes Tagespensum, und auch ein felsiger Aufschwung oberhalb des Lückele muss gemeistert werden,

Am Weg hinauf ins Lückele liegt der idyllische Mitteralplsee.

doch zuletzt – eine echte Überraschung! – spaziert man über einen mächtigbreiten Rücken fast »eben« zum höchsten Punkt mit großer Rundschau.

Vom **Parkplatz** an der »Strada d'Alemagna« geht's zunächst, vorbei an schönen Wasserfällen, in den wilden Möselegraben. Der Weg führt zweimal über den Bach, dann rechts an dem bewaldeten Hang im Zickzack steil bergan. An einer Geländeschulter (1829 m) wechselt das Steiglein in den Graben unterhalb der Schafalm (etwas luftiges Band). Im Rücken der Kreuzstöcke (2189 m) gewinnt man den Rand des welligen Almgeländes; hinter einem felsigen Rücken liegt der lang gestreckte **Mitteralplsee** (2222 m). Das Gewässer bleibt rechts; der Weg steigt in Kehren über den Geröllhang hinauf ins **Lückele** (2545 m), dem Übergang zum Innerfeldtal.

Aus der Scharte leiten die Markierungen auf ein bequemes Horizontalband (Drahtseile). Es mündet in eine seichte Rinne; man durchsteigt sie und gewinnt so den Grat. An ihm weiter entlang, einigen Felsköpfen ausweichend, und zuletzt weglos über den flachen Rücken zum **Hochebenkofel** (2905 m).

Abstieg auf dem Anstiegsweg; alternativ vom Lückele ins Innerfeldtal zur Dreischusterhütte (vgl. Tour 50).

Auf den Helm, 2434 m

Eine altberühmte Aussicht

Ausgangspunkt: Bergstation der Helm-Seilbahn (2041 m); Talstation in Sexten.
Bahn/Bus: Linienbus Innichen (Bahn) – Sexten. Die Helmbahn verkehrt Mitte Juni bis Ende September 8.30 – 17.30 Uhr, Juli/August bis 18 Uhr.
Gehzeit: Aufstieg 1¼ Std., Abstieg 2¼ Std.; gesamt 3½ Std.

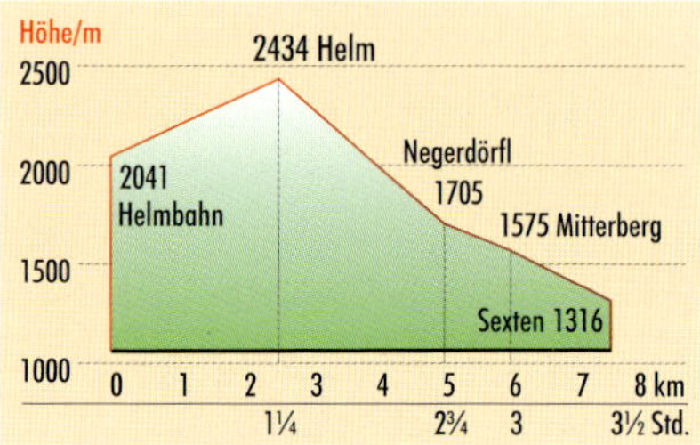

Charakter: Gemütliche Gipfelwanderung mit anschließendem recht langen Abstieg (Teleskopstöcke). Großes Panorama; natürlich auch Talfahrt mit der Seilbahn möglich.
Einkehr: Helm-Restaurant (Mitte Juni bis Ende September), Hahnspielhütte (Anfang Juni bis Anfang Oktober), Gasthaus Panorama (Juni bis Oktober).
Karte: KOMPASS Nr. 57.

»An keiner anderen Stelle der Alpen stehen die Gipfel einer bestimmten Berggruppe so unmittelbar und vollständig da wie hier die Gipfel der Sextener Dolomiten, dabei so klar und übersichtlich, dass man sie, ehe man sie wirklich betritt, gewissermaßen schon mit den Augen durchwandern kann.«

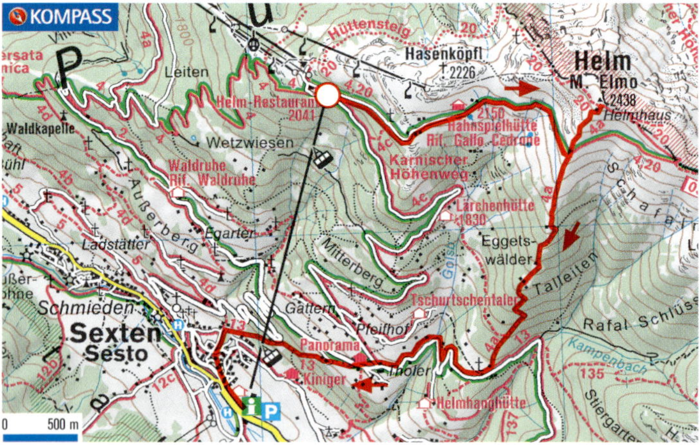

Über den Wolken: Blick vom Helm auf die Lienzer Dolomiten.

Was Karl Springenschmid vor ein paar Jahrzehnten schrieb, hat auch heute noch seine Gültigkeit, nur ist der Weg zur Aussichtswarte inzwischen wesentlich kürzer geworden. Die Seilbahnkabine schwebt in ein paar Minuten bis zur Waldgrenze hinauf, und gut eine Stunde später steht man schon oben am Gipfel, die Parade der Sextener vor sich und die Hohen Tauern mit Großvenediger und Großglockner im Rücken. Was für eine Schau!

Von der Bergstation der **Helmbahn** (2041 m) führt eine Sandstraße in sanftem Anstieg zur **Hahnspielhütte** (2150 m) und weiter hinaus zum Südwestgrat des **Helms.** Hier links und in kurzem Zickzack an dem schrofigen Rücken zum Gipfel mit der Ruine der ehemaligen Helmhütte. Sie wurde in den Jahren 1889/90 von der Sektion Sillian des DuÖAV erbaut; von 1895 bis 1897 war der berühmte Sextener Bergführer Sepp Innerkofler hier Hüttenwirt. Vom Gipfel zurück zur Straße, dann in vielen Kehren weiter an dem Rücken entlang über Wiesen, später im Wald bergab. Dabei bieten sich herrliche Ausblicke auf die bizarren Zinnen der Sextener Dolomiten, die immer höher in den blauen Himmel wachsen. Bei den Hütten des »Negerdörfls« (1705 m) stößt man auf eine Straße. Man folgt ihr über den Graben des Golsbachs bis zur ehemaligen Sperrfestung **Mitterberg.**

Beim Gasthaus Panorama links ab und auf markiertem Weg hinunter nach **Sexten** (1316 m).

Über den Helm zum Hornischegg, 2550 m

Panoramawandern vor den Sextener Dolomiten

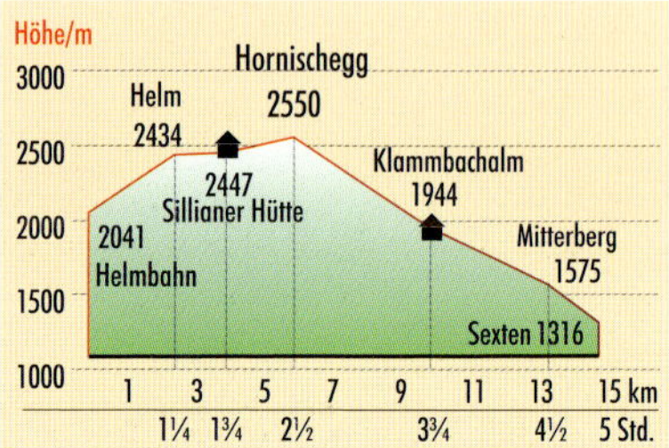

Ausgangspunkt: Bergstation der Helm-Seilbahn (2041 m); Talstation in Sexten.
Bahn/Bus: Linienbus Innichen (Bahn) – Sexten. Die Helmbahn verkehrt Mitte Juni bis Ende September 8.30–17.30 Uhr, Juli/August bis 18 Uhr.
Gehzeit: Aufstieg 2½ Std., Abstieg 2½ Std.; gesamt 5 Std.
Charakter: Wenig anstrengende, dafür umso aussichtsreichere Höhen-, Gipfel- und Bergabwanderung auf durchwegs ordentlichen und gut markierten Wegen.
Einkehr: Helm-Restaurant (Mitte Juni bis Ende September), Hahnspielhütte (Anfang Juni bis Anfang Oktober), Sillianer Hütte (Mitte Juni bis Anfang Oktober), Klammbachalm (Juni bis Oktober).
Karte: KOMPASS Nr. 57.

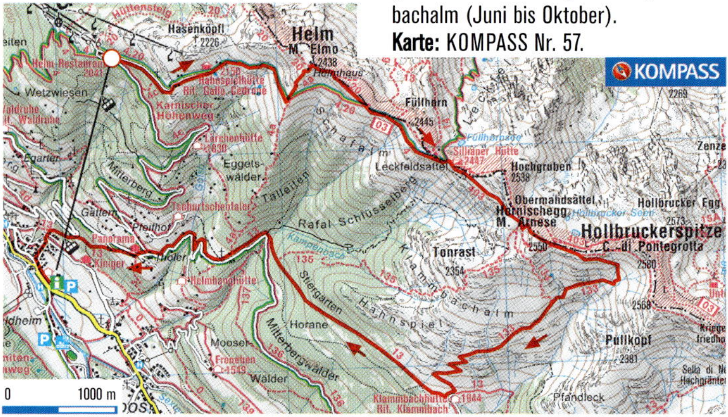

Der Helm ist – zählt man von Westen – der erste Gipfel im Karnischen Hauptkamm, aber natürlich nicht der einzige. Wie Perlen auf einer Kette reihen sich die Höhen aneinander, was bei sicherem Wetter zu genuss- und aussichtsreichen Überschreitungen verleitet. Und da sich die Gipfel aus vergleichsweise weichen Gesteinen (Schiefer, Quarzphyllit) aufbauen, sind sie fast durchwegs leicht zu besteigen. Aus einer kurzen Gipfeltour (Helm) wird so eine schöne Kammwanderung, die man hinter dem Hornischegg auch noch fortsetzen kann, etwa über die Hollbrucker Spitze (2581 m) in den Ne-

messattel (mit Abstieg über die Klammbachalm nach Sexten etwa 8 Std.).
Von der Bergstation der **Helmbahn** (2041 m) führt eine alte Militärstraße in sanftem Anstieg zur **Hahnspielhütte** (2150 m) und weiter hinaus gegen den Südwestgrat des Helms. Hier links und in kurzem Zickzack über den schrofigen Rücken zum großen Panorama. Vom Gipfel überblickt man auch den Weiterweg bis zum Hornischegg: kurz bergab, dann am Grenzkamm entlang zur **Sillianer Hütte** (2447 m), dann rechts unter der Hochgruben (2537 m) hindurch und vorbei an verfallenen Zollwachthütten in den **Obermahdsattel** (2470 m). Hier gabelt sich der Weg: rechts geht's in der Westflanke des **Hornischeggs** bergan, bei weiteren hässlichen Betonhütten dann links über den Grashang zum Gipfel mit tollem Panorama. Sehr schön zeigen sich im Südwesten, über dem Fischleintal, die berühmtesten »Sextener«, die Drei Zinnen (2999 m). Kurz zurück zu den Betonruinen, dann ostwärts hinunter zum Kamm; wenig unterhalb liegen auf Osttiroler Boden die winzigen **Hollbrucker Seen.** Wenig weiter weist ein Schild rechts zur Klammbachalm. Der markierte Weg beschreibt im Quellbereich des Klammbachs einen Rechtsbogen; durch die schrofendurchsetzte Südflanke des Hornischeggs wandert man – zuletzt über ein paar Serpentinen – hinunter zur **Klammbachalm** (1944 m). Von der Jausenstation mit der Mark. 13 erst um eine eingezäunte Wiese herum, flach in den lichten Wald, wo man auf eine Sandpiste stößt. Sie führt erst sanft, dann steiler hinunter zum Kampenbach. Weiter auf einer Straße zu den Heuhütten des »Negerdörfls« über den Graben des Golsbachs zur ehemaligen Sperrfestung **Mitterberg.** Beim Gasthaus Panorama links ab und auf markiertem Weg hinunter zur Talstation der Helm-Seilbahn in **Sexten** (1316 m).

Drei Zinnen, Schusterplatte und Dreischusterspitze vom Anstieg zum Hornischegg.

Ins Vallorera, 2231 m

Almwandern zwischen Nemes und Coltrondo

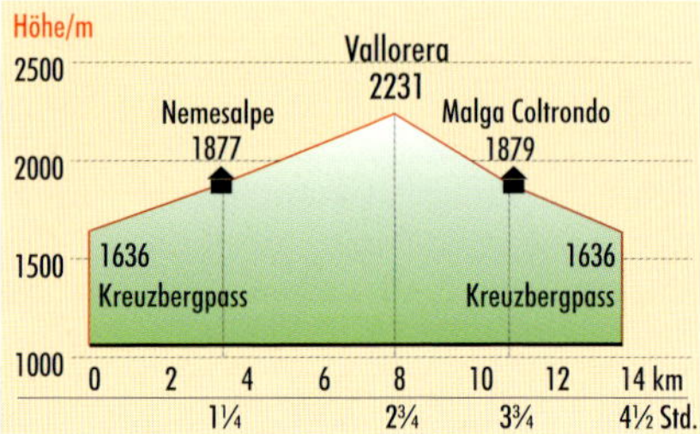

Ausgangspunkt: Kreuzbergpass (1636 m), Wasserscheide zwischen Drau und Piave, Provinzgrenze Südtirol/Belluno. Großer Parkplatz.
Bahn/Bus: Gute Busverbindung zwischen Innichen – Sexten und dem Kreuzbergpass.
Gehzeit: Gesamt 4½ Std.
Charakter: Nur wenig anstrengende Wanderrunde unter dem Karnischen Hauptkamm mit herrlicher Aussicht auf die Sextener Dolomiten. Durchwegs ordentliche Wege, am Nordwesthang des Knieberges ein paar leicht ausgesetzte Stellen und ganz kurze Felspassagen.
Einkehr: Nemesalpe (Anfang Mai bis Anfang November), Malga Coltrondo (Mitte Juni bis Mitte Oktober).
Karte: KOMPASS Nr. 58.

Nicht ganz zufällig wird der Oktober oft als »golden« bezeichnet, und wenn spät im Jahr die Lärchen gelb und orange aufleuchten, die Dolomitzinnen sich weiß überzuckert präsentieren und der Himmel das für diese Jahreszeit typische durchscheinende Blau zeigt, wird jeder Wandertag zum Farbenwunder, zu einem besonderen Erlebnis. Vielleicht auch, weil sich in die satten Farben leichte Melancholie mischt: Der Winter ist nicht mehr fern...
Die Wanderrunde startet direkt am **Kreuzbergpass** (1636 m), beim großen Parkplatz neben der Straße. Mit der Markierung 131

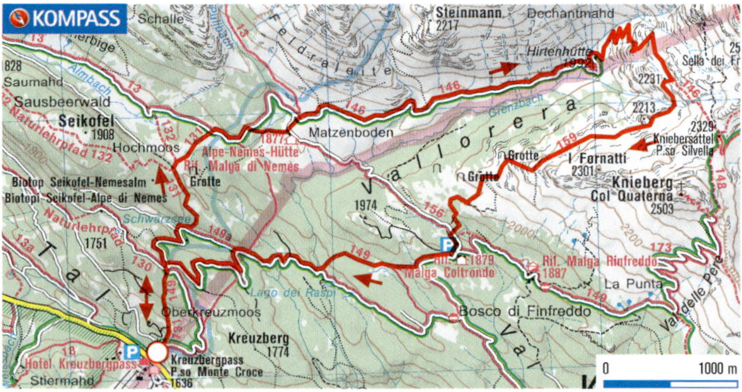

Am Weg zur Nemesalpe; über dem Kreuzbergpass die Sextener Dolomiten.

steigt man zunächst bergan gegen die Kreuzhöhen (1796 m), wobei die Schleifen einer Forstpiste abgekürzt werden. Weiter auf der Sandstraße bis hinters Rehangerl (1741 m). Nun auf markiertem Steig an den bewaldeten Ausläufern des Seikofels in sanftem Anstieg zu der Wegspinne am Rand des Hochmooses (1802 m) und rechts haltend über das Moorgelände (Stege) zu der von Sexten heraufkommenden Straße. Sie steuert in einem weiten Bogen – der sich abkürzen lässt – die schön gelegene Hütte auf der **Nemesalpe** (1877 m) an.

Der Weiterweg führt auf einer holperigen ehemaligen Militärstraße über den Matzenboden ins **Vallorera,** der vom Grenzbach entwässert wird. Er bildet – nomen est omen! – hier die Grenze zwischen Südtirol und der Provinz Belluno. Halbrechts ragt der dunkle Kegel des Kniebergs (2503 m) in den Himmel.

Die breite Spur steuert über ein paar Serpentinen die markante Senke in seinem Rücken, den **Kniebergsattel** (2329 m), an. Man folgt ihr aber nur bis zur Höhenkote 2231 m; hier leiten rot-weiße Markierungen in die Nordflanke des Kniebergs (Hinweis »Coltrondo«). Der schmale Weg quert sie in leichtem Auf und Ab, bietet dabei packende Ausblicke auf die Gipfelzacken der Sextener Dolomiten. Kurze felsige Passagen verlangen Konzentration, ein paar Mal muss man die Hände zu Hilfe nehmen. Über den breiten Westgrat geht es bergab zu einer verfallenen Grenzfestung aus dem Ersten Weltkrieg (2058 m) in schöner Panoramalage. Herrlich freie Aussicht bietet auch der Weiterweg zur bewirtschafteten **Malga Coltrondo** (1879 m).

Der Abstiegsweg folgt kurz der Zufahrtsstraße, leitet dann im Wald sanft abwärts zu einer weiteren Sandpiste. Sie quert den Torre Pàdola, der weiter oben noch Grenzbach heißt, und steigt dann sanft an gegen die Kreuzhöhe. An der scharfen Rechtskurve nicht geradeaus gehen! Weiter sanft bergauf, rechts um die bewaldete Kuppe der Kreuzhöhe herum und hinunter zu der eingangs erwähnten Forstpiste. Auf dem Anstiegsweg zurück zum **Kreuzbergpass.**

Auf die Sextener Rotwand, 2936 m

Klettersteigerlebnis am Zehner der »Sextener Sonnenuhr«

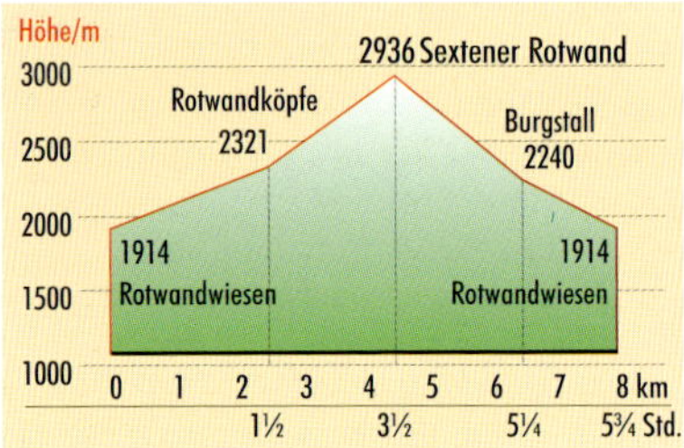

Ausgangspunkt: Bergstation des Rotwandwiesen-Gondellifts (1914 m).
Bahn/Bus: Busverbindung Innichen (Bahnhof) – Sexten – Bad Moos. Der Gondellift ist von Anfang Juni bis 8. Oktober von 8.30 Uhr – 17.30 Uhr in Betrieb, im August bis 18 Uhr.
Gehzeit: Aufstieg 3½ Std., Abstieg 2¼ Std.; gesamt 5¾ Std.
Charakter: Die »Via ferrata« auf die Sextener Rotwand gilt als mäßig schwierig, ist auch bestens gesichert. Viel Gehgelände, Drahtseile und ein paar Eisenleitern; landschaftlich überaus lohnend. Nur mit Klettersteigset und Helm begehen!
Einkehr: Rudihütte bei der Liftstation (Anfang Juni bis Anfang Oktober), Rotwandwiesenhütte (Anfang Juni bis Anfang Oktober).
Karte: Kompass Nr. 58.

Als einziger Gipfel der berühmten Sextener Sonnenuhr hat die Rotwand – der Zehner – einen vergleichsweise leichten Anstieg. Der ist gesichert und wird zudem durch den Rotwandwiesen-Gondellift auf ein gut verträgliches Tagespensum verkürzt: etwa 1000 Höhenmeter, unterwegs einige Spannung (wie geht's weiter?) und jede Menge Aussicht. Da verwundert es kaum, dass sich an

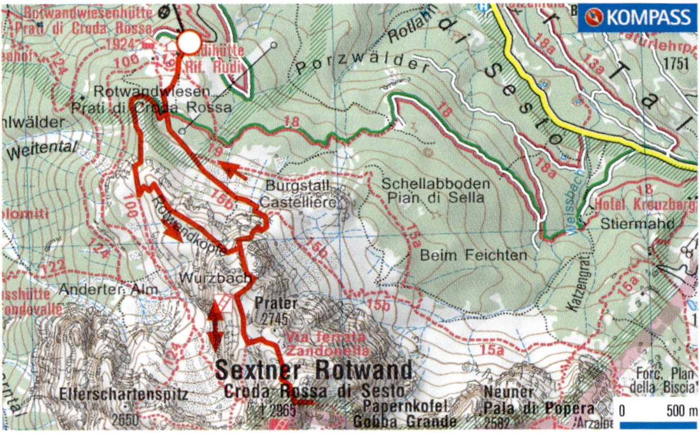

Gipfel der Sextener Rotwand.

schönen Sommertagen oben vor dem großen Panorama die Gipfelstürmer gleich dutzendweise treffen.
Die beliebte Tour führt von der Liftstation auf den **Rotwandwiesen** (1914 m) kurz abwärts, dann auf breitem Wiesenweg bergan zu einer Wegspinne (1950 m; Tafeln). Hier rechts und um die Ausläufer der Rotwandköpfe herum. An der Westseite des felsigen Kamms ansteigend zu einer Verzweigung. In ein paar Kehren zwischen Latschen auf den Grat, an ihm – zuletzt absteigend – in einen schattigen Winkel. Leitern helfen über einen steilen Felsaufschwung in das Kar unter dem Wurzbachgipfel (2675 m), wo der alternative Zustieg vom Burgstall einmündet. Auf markierter Spur im Geröll zu den Felsen; an Drahtseilen durch eine Rinne und über Schrofen aufwärts, zuletzt nach rechts querend. Ein Band führt aus der namenlosen Senke im Rücken des Wurzbachs durch die dem Fischleintal zugewandte Felsflanke zur **Anderterscharte** (2696 m). Links haltend über Geröll (Kriegsrelikte) zur gestuften, steilen Gipfelwand, die man mit Hilfe von Drahtseilen ersteigt (Schlüsselstelle). Zuletzt leitet die Wegspur links zum Klettersteiggipfel der **Sextener Rotwand** (2936 m) mit großem Kreuz. Der Hauptgipfel (Vinatzerturm, 2965 m) bleibt rechts, wird nicht betreten.
Beim Abstieg folgt man dem Anstiegsweg bis zur Verzweigung unter dem Wurzbachgipfel; hier rechts (Hinweis) durch eine Steilrinne (Drahtseile) hinunter gegen den Burgstall und auf gutem Pfad zurück zur Liftstation auf den **Rotwandwiesen.**

Über den Alpinisteig

Die berühmteste Felspromenade der Sextener

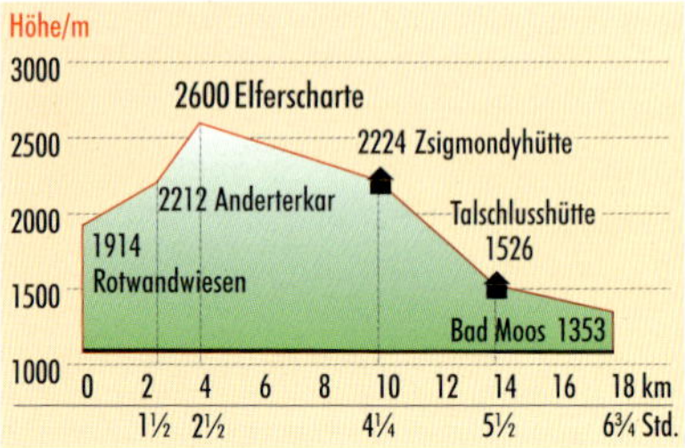

Ausgangspunkt: Bergstation des Rotwandwiesen-Gondellifts (1914 m). Die Bahn ist von Anfang Juni bis 8. Oktober von 8.30 Uhr – 17.30 Uhr in Betrieb, im August bis 18 Uhr.
Bahn/Bus: Busverbindung Innichen (Bahnhof) – Sexten – Bad Moos (Liftstation).
Gehzeit: Zustieg 2½ Std., Alpinisteig 1¾ Std., Abstieg 2½ Std.; gesamt 6¾ Std.
Charakter: Anspruchsvolle, auch recht lange Tour; absolute Schwindelfreiheit und ein sicherer Tritt sind unerlässlich! Das Salvezza-Band (Drahtseile) verläuft quer durch senkrechte Felswände – nichts für Ängstliche. Selbstsicherung für weniger Geübte unbedingt ratsam! Vorab Infos über den Zustand des Weges im Bergführerbüro Sexten einholen.
Einkehr: Zsigmondyhütte (Mitte Juni bis Anfang Oktober), Talschlusshütte (Juni bis Oktober).
Karte: KOMPASS Nr. 58.

Quer durch die Sextener Dolomiten verlief im Ersten Weltkrieg die Alpenfront, und so stößt man bei Wanderungen allenthalben auf Überreste alter Stellungen. Auch die »Strada degli Alpini« ist ein Relikt jener unseligen Zeit – und heute fraglos einer der eindrucksvollsten Steige in den Dolomiten. Seine Hauptschwierigkeiten liegen in der (oft vereisten) Nordflanke des Elfers; wer die Tour an den Rotwandwiesen startet und bei der Elferscharte in den »Alpinisteig« einfädelt, meidet diese heiklen Passagen, ohne wesentliche Abstriche am

Berühmtes Dolomitenmotiv am Alpinisteig.

Landschaftserlebnis machen zu müssen. Großartig die Traverse der Elfer-Westflanke zum Äußeren Loch, einmalig dann der Gang auf schmalen Felsbändern zum Inneren Loch. Und hinterher, beim Abstieg von der Zsigmondyhütte, kann man nochmals hinüberschauen in die Felswildnis des Elfers und zu jener schmalen Linie, die fast horizontal durch senkrechte Abbrüche verläuft. Schon eine tolle Route, der »Alpinisteig«!

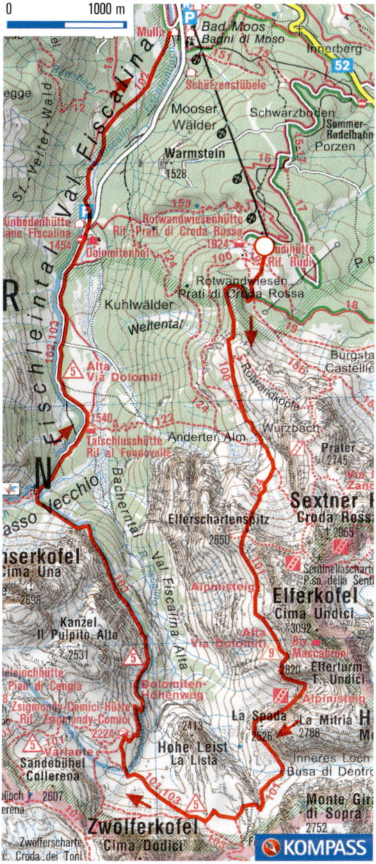

Von der Liftstation (1914 m) auf den **Rotwandwiesen** folgt man zunächst dem breiten Pfad, der – vorbei an der Rudihütte – südlich zu einer Wegspinne führt (Tafeln). Hier rechts aufwärts und um die Ausläufer der Rotwandköpfe herum. An der Westseite des felsigen Kamms mit freier Sicht auf das gewaltige Massiv der Dreischusterspitze (3145 m) taleinwärts zur **Anderteralm,** wo ein von der Talschlusshütte heraufkommender Steig mündet. Mit der Markierung 124 in das Geröllkar unter der Sentinellascharte und rechts haltend im Zickzack steil in die **Elferscharte** (ca. 2600 m). Nun mit Drahtseilhilfe über eine Felsstufe hinauf zum **Alpinisteig.** Er führt über die mächtige Geröllterrasse unter dem Elfer (3092 m) in den Karwinkel des Äußeren Lochs. Über den Graben (meistens Schneereste) und auf schmalen Bändern durch die Nordabstürze der Mitra (2788 m). Sehr ausgesetzt auf dem **Salvezza-Band** (berühmtes Fotomotiv) ins Innere Loch und über die Fels- und Geröllböden in weitem Bogen unter dem Giralbajoch (2431 m) hindurch zur **Zsigmondyhütte** (2224 m).

Auf dem Hüttenweg an der linken Flanke des Bacherntals hinab zur **Talschlusshütte** (1526 m) und durch das Fischleintal zurück zur Talstation des Rotwandwiesenlifts bei **Bad Moos** (1353 m).

Ins Fischleintal

Der schönste Sextener Spaziergang

Ausgangspunkt: Sexten (1316 m), Ortsmitte.
Bahn/Bus: Buslinie Innichen (Bahnhof) – Sexten.
Gehzeit: Etwa 3 Std.
Charakter: Gemütliche Talwanderung ohne nennenswerte Steigungen mit Gasthaus am Wendepunkt.
Einkehr: Fischleinbodenhütte (Mai bis Oktober), Talschlusshütte (Juni bis Oktober).

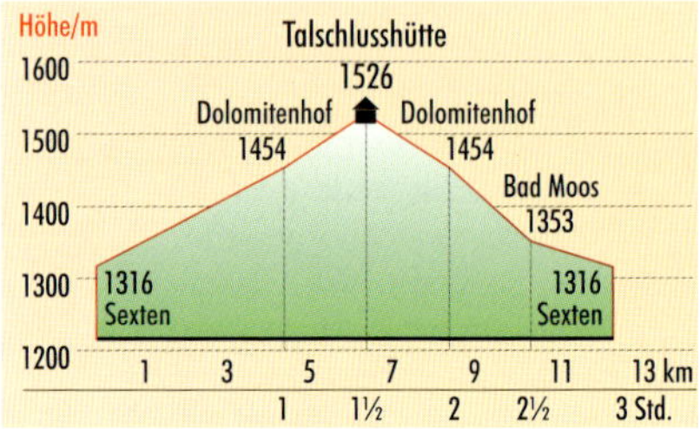

Karte: KOMPASS Nr. 58.

Wenn es einen Flecken in den Sextener Dolomiten gibt, der so ganz unserer Vorstellung einer Dolomiten-Idylle entspricht, dann ist es der Fischleinboden. Da verbinden sich Formen und Farben zu einem

Blickfang am Weg in den Fischleinboden: die Ostabstürze der Dreischusterspitze.

vollkommenen Bild, vor allem im Spätherbst, wenn sich die Lärchen verfärben, sie golden aufflammen, und der Himmel sein tiefstes Blau zeigt. Über den mit Latschen bewachsenen Hängen ragt hellgrauer Fels in den Himmel, zur Rechten massig die Dreischusterspitze (3145 m), links Rotwand (2965 m) und Elfer (3092 m), im Talhintergrund der Zwölfer (3094 m): Naturwunder Fischleintal.

Fisch gibt's allerdings höchstens auf der Speisekarte des Hotels Dolomitenhof (das übrigens seit vielen Generationen im Besitz der Bergführerdynastie Innerkofler ist) – bei der deutschen Bezeichnung für dieses Dolomitental handelt es sich nämlich um eine Verballhornung, des lateinischen »fiscalina«, was so viel bedeutet wie »zum königlichen Fiskus gehörend« bzw. tributpflichtig. In diesem einen Fall kommt die italienische Bezeichnung Val Fiscalina der Namenswurzel näher.

Im Ortszentrum in **Sexten** (1316 m) über den Bach (Tafeln) und auf einem Sträßchen zunächst flach über den Wiesenplan, dann rechts haltend kurz bergan zum »Waldweg Fischleintal«, der in sanftem Anstieg den Taleingang ansteuert. Hier kommt man an den spärlichen Überresten des ehemaligen Festungswerks Haideck (1413 m) vorbei. Weiter über schöne Lärchenwiesen zum Großparkplatz (1454 m) beim **Hotel Dolomitenhof** und auf einem Sandsträßchen (alternativ auch markierter Weg) über den licht bewaldeten Fisch-

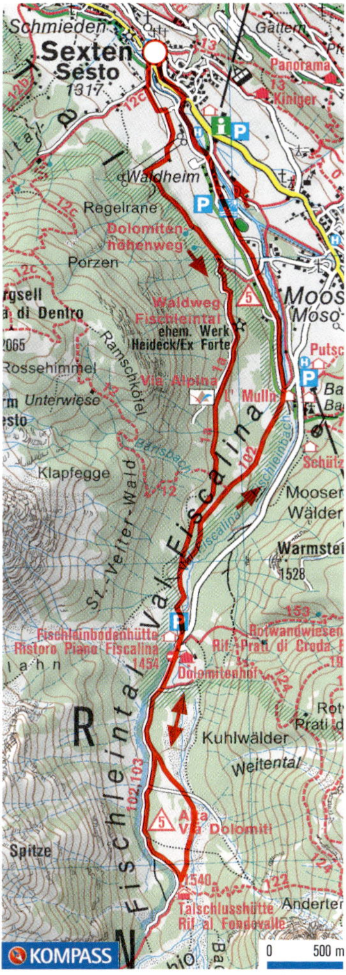

leinboden zur neuen **Talschlusshütte** (1526 m).

Zurück zum Hotel Dolomitenhof, dann links des Fischleinbachs auf einem Fahrweg nach **Bad Moos** (1353 m) und am Sportzentrum vorbei hinein nach Sexten.

49

Zur Drei-Zinnen-Hütte, 2405 m

Die große Sextener Wanderrunde

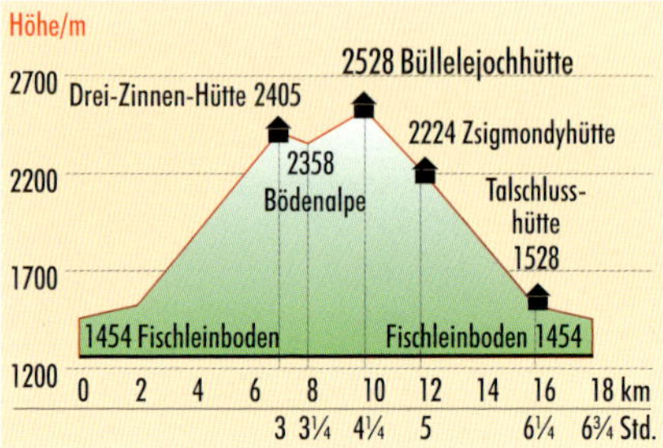

Ausgangspunkt: Parkplatz Fischleinboden (1454 m), Zufahrt von Sexten-Moos.
Bahn/Bus: Busverbindung Innichen (Bahnhof) – Sexten – Fischleinboden.
Gehzeit: Drei-Zinnen-Hütte 3 Std., Übergang zur Zsigmondyhütte 2 Std., Abstieg 1¾ Std.; gesamt 6¾ Std.
Charakter: Große Runde auf ordentlich markierten, viel begangenen Wegen. Trittsicherheit und Ausdauer (rund 1150 Höhenmeter) notwendig.
Einkehr: Talschlusshütte (Juni bis Oktober); Drei-Zinnen-Hütte (Ende Juni bis Ende September); Büllelejochhütte (Mitte Juni bis Anfang Oktober); Zsigmondyhütte (Mitte Juni bis Anfang Oktober).
Karte: KOMPASS Nr. 58.

Die Drei Zinnen und ihre Nordwände.

Der absolute Wanderklassiker in den Sextener Dolomiten ist die große Tour um den Einser, und das nicht ohne Grund. Aus dem Wegverlauf ergeben sich immer wieder neue, faszinierende Szenerien mit den Drei Zinnen als einem der Höhepunkte; drei bewirtschaftete Hütten unterwegs bieten sich zur Einkehr und Rast an. Dass man an Schönwettertagen da nicht allein unterwegs ist, versteht sich fast von selbst, doch das schmälert die Freude nur wenig. Fast mehr Probleme als die vielen Gleichgesinnten macht die Frage der Gehrichtung: mit oder gegen den Uhrzeiger?

Beide Varianten haben ihren Reiz; wählt man den Aufstieg durch das Altensteiner Tal, stehen die Drei Zinnen (2999 m) unter der hohen Mittagssonne, dafür präsentiert sich dann die Kulisse des Bacherntals mit Zwölfer, Elfer und Rotwand besonders schön im schräg einfallenden Licht der Nachmittagssonne.

Natürlich kann man auch am Nachmittag zur Drei-Zinnen-Hütte aufsteigen und die herrliche Abendstimmung an den »Drei« genießen, um anderntags den Weiterweg unter die Füße zu nehmen: etwas für echte Genießer. Vom Großparkplatz im Fischleintal (1454 m) fast eben über den licht bewaldeten Fischleinboden zur neuen **Talschlusshütte** (1526 m), wo das Gros der Ausflügler ein- und umkehrt, dann westlich ansteigend ins Altensteiner Tal. Bei der Weggabelung (1631 m) geradeaus. Zur Linken ragen die Nordwände von Einser (2698 m) und Oberbachernspitzen (2677 m) in den Himmel, im Talhintergrund zeigen sich über der Bödenalpe die bizarren Zackenprofile von Paternkofel (2744 m) und Toblinger Knoten (2617 m). Zwischen diesen beiden Gipfeln, in der Senke des Toblinger Riedls (2405 m), steht die **Drei-Zinnen-Hütte,** die der viel begangene Weg, zuletzt nur mehr mäßig steigend, in einem weiten Linksbogen anpeilt. Und dann tauchen sie auf, die Drei Zinnen (2999 m), aus dem weiten Geröllboden der Langen Alpe ragend – was für ein Bild!

Der Weiterweg führt unter dem mit zahlreichen Türmen und Zacken («Frankfurter Würstl«) bestandenen Nordgrat des Paternkofels leicht bergab zur Bödenalpe mit ihren Seeaugen. Man quert die Geröllhänge unter den Bödenknoten, dann geht's auf ausgetretener Geröllspur steil bergan ins Büllelejoch (2522 m) mit Prachtblick zum wuchtigen Zwölfer (3094 m).

Nur ein paar Gehminuten weiter nordöstlich steht die schmucke **Büllelejochhütte** (2528 m). Ein aus dem Fels gesprengtes Band leitet flach zum nahen **Oberbachernjoch** (2519 m), wo sich ein stimmungsvoller Blick auf die Felskulisse des Bacherntals auftut. Breitmassig der Elfer (3092 m), von dem sich ein hoher Gratrücken südwärts über den Zsigmondykopf (2998 m) und die Hochbrunnerschneid (3046 m) bis zum Monte Giralba (2995 m) hinzieht. Nicht zu übersehen ist die mächtige Geröllterrasse an der Westflanke des Elfers, über die der »Alpinisteig« (Tour 47) verläuft.

Diese herrliche Aussicht begleitet den Wanderer auf dem Weg hinunter zur **Zsigmondyhütte** (2224 m), die sich einer unvergleichlich schönen Lage vor dem Zwölferkofel (3094 m) erfreut. Vom Schutzhaus in ein paar Schleifen

Lädt zur Einkehr: die kleine Büllelejochhütte.

Faszinierend: die Nordabstürze des Einsermassivs.

über steilsteinige Hänge bergab gegen das Bacherntal, dann hoch an seiner linken Flanke dahin, zuletzt wieder steiler hinunter zur Weggabelung am Eingang ins Altensteiner Tal (1631 m). Auf dem Hinweg - vorbei an der Talschlusshütte (1526 m) - zurück zum Ausgangspunkt der großen Runde beim Hotel Dolomitenhof.

Eine »Haute Route« in den Sextener Dolomiten

Auf Höhenwegen quer durch die Sextener! Eine Tour der Superlative, drei oder (besser) vier Tage zwischen Tal und (Dolomiten-)Traum, vom Misurinasee bis nach Sexten auf markierten Wegen und Klettersteigen.

Verlauf: Col de Varda (2115 m; Sessellift von Misurina) – »Sentiero Bonacossa« – Rifugio Fonda Savio (2367 m) – Rifugio Auronzo (2320 m) – Lange Alm – Drei-Zinnen-Hütte (2405 m) – »De Luca-Innerkofler-Steig« – Paternkofel (2744 m) – »Schartenweg« – Büllelejoch (2522 m) – Büllelejochhütte (2528 m) – Zsigmondyhütte (2224 m) – »Alpinisteig« – Sextener Rotwand (2936 m) – Rotwandwiesen (1914 m; Lift nach Bad Moos).

Reine Gehzeit etwa 18 Std., Wander- und Klettersteigausrüstung, Schlafsack-Inlet.

Höhenweg zur Dreischusterhütte, 1626 m

Einstieg von oben

Ausgangspunkt: Bergstation des Haunold-Sessellifts (1493 m).
Bahn/Bus: Innichen ist Bahnstation (Linie Franzensfeste – Lienz in Osttirol); Buslinie Innichen – Sexten. Der Sessellift verkehrt Anfang Juni bis Ende September von 9.00–12.30 und 13.30–17.15, Anfang Juli bis Mitte September durchgehend 9.00–17.15 Uhr.
Gehzeit: Zur Dreischusterhütte 2¾ Std., Abstieg ins Sextental 1¼ Std.; gesamt 4 Std.
Charakter: Recht lange, aber nur mäßig anstrengende Höhen- und Talwanderung.
Einkehr: Dreischusterhütte (Mitte Juni bis Mitte Oktober).
Karte: KOMPASS Nr. 58.

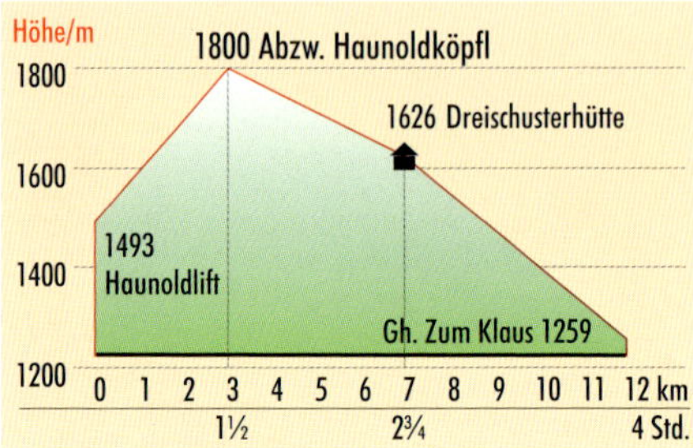

Die herrlich gelegene Dreischusterhütte gehört zu den beliebtesten Wander- und Ausflugszielen am Nordrand der Sextener Dolomiten, keine halbe Stunde Anstieg vom Parkplatz im Innerfeldtal. Entschieden weiter, aber auch abwechslungsreicher ist der Höhenweg vom Haunold-Sessellift herüber: viel Aussicht, vor allem auf die mächtigen Bergstöcke des Haunold (2966 m) und der Dreischusterspitze (3145 m).

Und wer gut drauf ist, verbindet diese Tour gleich mit einer Besteigung des Haunoldköpfls.

Von der **Liftstation** (1493 m) wandert man

Das Dreischustermassiv vom Innerfeldtal aus.

Haunoldköpfl 2158 m

Vom Höhenweg ins Innerfeldtal besteigt man in gut 1 Std. auf markiertem Weg das Haunoldköpfl, einen echten Logenplatz mit Drei-Sterne-Schau auf die Dreischusterspitze (3145 m), die sich aus dieser Perspektive als Gipfel eines ganzen Gebirges präsentiert. Ähnlich verhält es sich mit dem Haunold (2966 m). Vom Westgipfel des Köpfls bietet sich ein toller Blick in seine Nordabstürze.

auf der Sandstraße kurz abwärts ins Untertal (1434 m). Aus dem Graben im Wald auf markiertem Weg steiler bergan zur **Innichner Alm** (1703 m). Dahinter quert der Pfad, nur mehr leicht ansteigend, einige Gräben. An der Abzweigung zum Haunoldköpfl (Tafel; ca. 1800 m) biegt er nach Süden um und läuft mit leichtem Auf und Ab hinein ins **Innerfeldtal.** Faszinierend die Aussicht auf das gewaltige, vieltürmige Massiv der Dreischusterspitze. Im Gwengwald geht's leicht abwärts; wenig oberhalb des großen Parkplatzes stößt man auf den Talweg. Mit ihm, eine mächtige Schuttreiße querend, taleinwärts zum weiten, flachen Boden des Innerfelds, wo links die **Dreischusterhütte** (1626 m) steht. Auf der Straße zum großen Parkplatz (1480 m), dann abseits des Autoverkehrs, den rot-weißen Markierungen folgend, weiter talauswärts zum unteren, kleineren Parkplatz. Auf dem Asphalt im Lärchenwald zur Talmündung und rechts hinunter zum Gasthaus **Zum Klaus** (1259 m) mit Bushalt.